AF456161

LE NOUVEAU NEWCASTLE OU NOUVEAU TRAITÉ DE CAVALERIE, GEOMETRIQUE, THEORIQUE ET PRATIQUE.

par Bourgelat.

à LAUSANNE & à GENEVE,
Chez MARC-MICHEL BOUSQUET & Compagnie.

MDCCXLIV.

AVERTISSEMENT DU LIBRAIRE.

LE Livre que je donne au Public, eſt un Ouvrage que la confiance la plus légitime, la plus tendre & la plus ſincère a mis dans mes mains. Je n'ai garde d'en nommer l'Auteur, il déſire d'être inconnu & la diſcretion eſt mon partage.

RIEN n'eſt ſi rare que le ſuccès dans les entrepriſes Litteraires, & qui concernent les Arts; on ne doit donc imputer qu'à une ſage prudence, le ſilence modeſte dans lequel il a réſolu d'attendre le jugement que l'on portera ſur ſes premiers travaux, qui d'ailleurs n'offrent rien que d'utile, de curieux & d'intéressant.

PERSUADÉ que les estampes, dont on décore ordinairement les Livres concernant l'Art de monter à Cheval, ne servent qu'à en augmenter le prix & le volume sans les rendre meilleurs, j'ai supprimé tous plans de Terre & toutes figures. J'ai crû que le fond des principes, contenus dans celui-ci, suffiroit assez pour l'orner, puisque ces principes sont les mêmes que ceux du célébre Mr. le Duc de NEWCASTLE. Le titre de cet Ouvrage l'annonce d'avance, & ce titre seul est un présage flatteur de l'accueil favorable qu'il mérite, en paroissant sous des auspices si puissans, si renommés & si dignes de vénération.

PRE-

PREFACE.

JE n'irai point, plus épris du merveilleux que du vrai, me perdre dans l'obscurité des siecles reculés, & m'égarant sur le frivole fondement d'une tradition suspecte, chercher dans les tems fabuleux l'origine de l'Art que j'ai l'honneur de professer; les commencemens en furent imparfaits, ainsi sa noblesse consiste moins dans son antiquité que dans la réalité des avantages que nous avons retirés, & que nous retirons encore de ses progrès.

Les Italiens peuvent en être regardés comme les inventeurs, car je ne crains pas de fixer l'époque de sa naissance, aux jours heureux qui suivirent immédiatement le renouvellement des Lettres. Ces Peuples industrieux, & doués d'un génie particulier pour les Sciences & pour les Arts, surpasserent bien-tôt, en effet, tous ceux qui les avoient devancés. L'expérience est la baze du raisonnement; ils imaginerent des regles, & joignant enfin la speculation à la pratique, ils trouverent le moyen de consacrer entierement le Cheval à leur usage.

FREDERICO GRISONE *Gentil-homme Napolitain, fut le prémier qui nous fit part de ses lumieres;* CLAUDIO CURTIO, LAURENTIUS CUSSIUS, CÆSAR FIASCHI,

CHI, PASQUAL CARACCIOLO, crurent devoir marcher ſur ſes traces, & l'on vit inſenſiblement paroitre une foule d'Ecrits, contenant divers aſſemblages de préceptes & de méthodes différentes.

Une émulation ſi vive étoit un préſage flatteur des ſuccès de leurs veilles & de leurs travaux, rien auſſi n'en égala la rapidité; on établit des Académies, Naples en fut le ſiege principal, & ce College militaire l'emporta toujours ſur celui de Rome, qui s'efforça vainement de lui diſputer la gloire, de former des Sujets accomplis en ce genre.

N'attribuons néanmoins ſon éclat & ſa ſplendeur qu'à la ſuperiorité des talens de GIOVAN BATTISTA PIGNATELLI. *Cet illuſtre Maître mérite avec raiſon notre admiration*

& nos hommages. Nous le voyons revivre encore dans les Ouvrages fameux que Mrs. DE LA BROÜE *&* DE PLUVINEL, *ses dignes Eleves, ont transmis à la postérité; & si c'est à ces Grands Hommes que la France est redevable de la possession d'un Art qui lui étoit totalement inconnu, c'est nous acquitter en partie du juste tribut que nous leur devons, que de faire remonter nos obligations & notre reconnoissance jusques à lui.*

L'Equitation parvenue dans le sein de ce Royaume, ne fut pas cultivée avec moins de zèle & avec moins d'ardeur qu'elle l'étoit en Italie. On en reconnut sans peine toute l'utilité, on pensa à la fondation des Academies; Paris, Tours, Bordeaux & Lion, *furent d'abord les Villes choisies pour l'établissement honorable de ces Ecoles destinées à l'éducation de la Noblesse, la nécessité les a sans doute multipliées depuis.*

Quoiqu'il en soit, nous commencions à l'emporter sur les Italiens, lorsque M. le Duc de NEWCASTLE *vint illustrer la Cavalerie par une prodigieuse étendue de connoissances, & l'enrichir par la communication qu'il nous donna, des grandes & des heureuses découvertes qu'il avoit fait. La solidité de ses principes nous ouvrit une route plus sûre, plus facile & plus courte, que toutes celles qui nous avoient été frayées; aussi ses préceptes furent-ils généralement adoptés, malgré le peu d'ordre, le peu de netteté & la confusion qui regnoit dans ses écrits.*

C'est à ce défaut d'ordre & de précision que je prétens remedier. Les regles les plus infaillibles deviennent inutiles & superflues si on ne peut les comprendre, des répétitions fastidieuses dégoutent un lecteur, & l'intelligence des choses nait de la simplicité avec laquelle elles nous sont présentées. Je me suis efforcé dans cet Ouvrage, d'être, non seulement clair, mais conséquent; & j'ose dire qu'il suffit d'avoir une teinture légére du Manege, pour m'entendre & pour être convaincu.

Je sai qu'un faux préjugé, détermine aujourd'hui le jugement de la plûpart de ceux qui s'arrogent le titre de connoisseurs; je sai qu'ils imaginent que la pratique seule peut conduire à la perfection, & qu'en argumentant de ce systême déplorable, ils rejettent loin d'eux & le Livre & l'Auteur: mais l'Equitation est un Art; tout Art suppose des principes, parce que le vrai & le beau ne ſauroient dépendre du hazard, ainſi la théorie eſt abſolument néceſſaire. Qu'eſperer en effet d'un homme qui n'eſt conduit que par une pratique longue, & qui ne peut être qu'incertaine! Incapable de rendre raiſon de ce qu'il fait, il lui ſera impoſſible d'éclairer mon eſprit & de me communiquer ce qu'il croit ſavoir. A quel titre le regarderai-je donc comme un Maître? Au contraire, quel fruit ne retirerai-je pas des leçons de celui à qui la théorie donne le moyen de connoitre & de ſentir les effets de ſes moindres mouvemens, & qui peut me déveloper des regles que l'exécution & l'uſage le plus conſtant ne m'enſeigneront jamais?

J'avoue cependant que l'Equitation demande un travail réel; je conviens que dans tous les exercices qui dépendent du méchanisme du corps, l'habitude & la pratique continuelle menent loin, mais si la théorie n'est le fondement sur lequel on étaye & l'on apuye ce méchanisme du corps, on ne peut manquer de s'égarer.

En travaillant un Cheval, on doit s'attacher principalement à exercer l'esprit & la mémoire de l'animal; on doit chercher à demêler son naturel, à connoitre sa force pour tirer ensuite parti de cette connoissance; or sans des lumieres profondes, puisées dans la source des vrais principes, il est moralement impossible qu'un Cavalier se livre à cette contention de génie, qui le fait raisonner dans les occasions, & qui lui fait épier avec soin celle qui pourra le conduire à ce qu'il souhaite, à ce qu'il entreprend, à ce qu'il desire, parce qu'en un mot il faut une mé-

thode pour reparer une nature, souvent défectueuse & presque toujours indocile. Aussi quelle a été la suite du systeme faux & préjudiciable que je combats?

La connoissance du Cheval a paru si familiere, & les moyens de le dresser si généraux & si communs, qu'à peine trouve-t-on quelqu'un qui ne se flatte de réussir dans l'un & dans l'autre de ces points; & tandis que les Maîtres ne craignent pas de sacrifier tous les instans de leur vie pour parvenir, tandis que courbés sous le poids de cinquante années d'aplication & de travail, ils se regardent encore comme plongés dans des ténèbres épaisses, les Disciples les plus foibles s'imaginent avoir atteint la perfection, & étouffent en conséquence jusques au moindre desir de se mettre au fait même des premiers Elemens.

Si le propre de l'ignorance est toujours une présomption aveugle & sans bornes, le fruit d'une étude continuelle n'est autre chose, que la découverte des difficultés sans nombre, à l'aspect desquelles l'homme laborieux fait de nouveaux efforts, & forme sans cesse des doutes sur son propre mérite, bien loin de l'apprécier.

Telle est en effet l'utilité que j'ai retiré de mes travaux. Convaincu de la distance infinie qui me sépare encore du but que je me suis proposé, si je me détermine à donner cet Ouvrage au Public, c'est plûtôt dans l'idée de le persuader du zèle & de l'émulation qui m'anime, que dans le chimérique espoir de me faire un nom que j'ambitionne, mais que de foibles talens ne méritent point.

NOUVEAU

NOUVEAU TRAITÉ DE CAVALERIE, GEOMETRIQUE, THEORIQUE ET PRATIQUE.

CHAPITRE PREMIER.

De l'Aſſiette de l'Homme de Cheval.

LEs Principes concernant l'aſſiette de l'Homme de cheval, varient & changent ſelon les pays & ſelon les Maîtres, d'où nait cette diverſité de ſentimens. L'Art ne nous offre-t-il donc rien de certain & de réel à cet égard?

LES Italiens, les Espagnols, les François & tous les peuples en un mot chez lesquels la Cavalerie est encore en recommandation, adoptent une attitude qui leur est singuliére; le fond de leurs préceptes généraux est, pour ainsi dire, le même; il semble néanmoins qu'ils s'attachent à prescrire des règles différentes pour la position: Cette contrarieté, qui prend sa source dans le préjugé plutôt que dans des motifs justes & légitimes, donne lieu à de vains raisonnemens, chaque maxime trouve des sectateurs, & comme si le vrai n'étoit pas un, & pouvoit se reproduire sous des formes arbitraires & opposées, tantôt une opinion prévaut, tantôt une autre séduit, de façon qu'il ne reste à l'ignorant qui veut aprofondir, que le doute & la perplexité.

IL est cependant une méthode sûre, & à la faveur de laquelle il seroit aisé de renverser tous les Systèmes, mais sans entrer dans un détail superflu des contrastes bisarres, que l'assiette seule de l'Homme de cheval occasionne, traçons des principes, d'autant plus solides, que leur évidence sera soutenuë par des raisons convaincantes & démonstratives.

POUR

POUR réüſſir dans un Art où le méchaniſme du corps eſt totalement néceſſaire, & où chaque partie de ce corps a des fonctions particuliéres, & qui lui ſont propres, il eſt inconteſtable qu'il faut que ces parties ſoient dans une attitude naturelle. Si elles étoient dans une ſituation défectueuſe, elles ſeroient privées de cette aiſance & de cette liberté qu'accompagne la grâce, & tout mouvement que ſuit & que dirige la contrainte, étant un mouvement faux & incapable de juſteſſe, il n'eſt pas douteux que la partie forcée précipiteroit le tout dans une diſpoſition irréguliére, parce que cette partie étant une dépendance du corps, & le corps ſe reſſentant auſſi de la gêne de la partie qui en eſt une dépendance, ne pourroit rencontrer ce point fixe, ce contrepoids & cet équilibre, dans lequel conſiſte la perfection d'une execution fine & meſurée.

IL ne ſuffit donc pas dans la leçon de l'aſſiette de l'Homme de cheval, de s'en tenir uniquement à des règles triviales & ſuivies indiféremment, il faut les ſavoir digérer & en faire une juſte application, proportionnément à la ſtructure plus ou moins avantageuſe de celui qu'on enſeigne;

car tel mouvement naturel à cet homme eſt contraint dans celui-ci, de là ces défauts qui paroiſſent incorrigibles dans de certains ſujets, un peu plus de théorie, un peu plus d'attention, une étude plus ſérieuſe eut fait cependant de ce Cavalier déſagréable, un Cavalier ſouple, liant & à portée de flatter les regards mêmes des connoiſſeurs.

En effet, les objets ſur leſquels un Maître, jaloux des progrès de ſes élèves, doit porter ſes vuës, ſont infinis. En vain ſéroit-il continuellement occupé du ſoin qu'entraine l'examen de toutes les parties du corps de ſon diſciple, en vain chercheroit-il ſans ceſſe le moyen de réparer les défectuoſités diverſes & ſans nombre, que l'on apperçoit dans les attitudes de chaque commençant, s'il n'eſt parvenu à la connoiſſance de la rélation intime qu'il y a, du mouvement d'une partie à l'autre, rélation produite par l'action ſimpatique des muſcles differens qui les gouvernent, il n'arrivera jamais au but qu'il doit ſe propoſer, ſur tout dans des prémiéres leçons qui décident toujours du ſuccès des autres.

Ces préceptes établis, raiſonnons conſéquemséquemment, nous les déveloperons encore avec plus de force & avec plus de clarté.

LE corps de l'Homme de cheval se divise en trois parties, dont deux mobiles & une immobile.

LA prémiere des mobiles est, le tronc ou le corps, jusques au défaut de la ceinture; la seconde est, depuis les genoux jusques aux pieds, ensorte que l'immobile est, depuis le défaut de la ceinture jusques aux genoux.

LES parties qui ne doivent jamais mouvoir sont donc, & la fourchure & les cuisses du Cavalier; or, pour que ces parties ne se meuvent point, il faut leur donner un point d'apui fixe & assuré qu'aucun mouvement du cheval ne puisse faire perdre, ce point d'apui est la base de la tenuë du Cavalier, & c'est ce que nous appellons l'assiette de l'Homme de cheval; or, si l'assiette n'est autre chose que ce point d'apui, c'est conséquemment de la position des parties immobiles, que dépend, non seulement la beauté, mais encore la proportion juste & symetrisée de l'attitude entiére.

QUE le Cavalier ſe mette d'abord ſur la fourchure, occupant directement le milieu du ſiege de la ſelle, qu'il étaye par un apui médiocre ſur ſes feſſes, cette poſition dans laquelle la fourchure ſeule paroit ſoutenir tout le poids de ſon corps, que ſes cuiſſes ſoient tournées ſur leur plat, que pour cet effet le tour des cuiſſes parte de la hanche, & que le poids ſeul de ſes cuiſſes & de ſon corps, ſoit l'unique degré de force qu'il employe pour ſa tenuë, voilà le point certain d'équilibre, voilà la ſtabilité de l'édifice entier, ſtabilité dont on ne trouve point la réalité dans les commencemens, mais que l'on acquiert inſenſiblement par l'exercice & par la pratique.

JE ne demande qu'un médiocre apui ſur les feſſes, parce qu'un Cavalier aſſis ne ſauroit avoir les cuiſſes tournées ſur leur plat; je veux que les cuiſſes ſoient tournées ſur leur plat parce que le gras de la cuiſſe étant inſenſible, le cavalier ne pourroit ſentir les mouvemens de ſon cheval; j'exige que le tour de la cuiſſe parte de la hanche, parce que ce tour ne peut être naturel qu'autant qu'il procéde de l'emboëtement de l'os; je ſoutiens enfin que l'homme de cheval ne doit point mettre de force dans

dans ses cuisses, parce qu'outre qu'elles en seroient moins assurées, plus il les serreroit plus il s'élèveroit au dessus du siége de la selle, & que la fourchure & les fesses ne doivent jamais en abandonner ni le milieu ni le fond.

Les parties immobiles solidement placées, passons à la prémiere des mobiles, qui est, comme je l'ai déja observé, le corps ou le tronc jusques au défaut de la ceinture.

Je comprends dans le corps ou le tronc, la tête, les épaules, la poitrine, les bras, les mains, les reins & la ceinture du Cavalier.

Sa tête doit être libre, ferme & aisée: elle doit être libre, pour se prêter à tous les mouvemens naturels que le Cavalier peut faire, en la tournant de côté ou d'autre; elle doit être ferme, c'est-à-dire, droite sans être panchée à droit ou à gauche, en avant ou en arriére; elle doit être aisée, parce que si la fermeté produisoit la roideur, toutes les parties du tronc, & spécialement l'épine du dos s'en ressentiroient, & seroient contraintes & gênées.

Les épaules seules dirigent par leur mouvement celui de la poitrine, des reins & de la ceinture.

Le Cavalier doit préſenter ſa poitrine, par là, ſon attitude ſe dévelope; il doit faire un pli léger dans les reins, & avancer ſa ceinture près du pommeau, parce que cette poſition l'unit aux mouvemens du cheval; or, le port ſeul des épaules en arriére opère tous ces effets, & les opère préciſément dans le degré où il faut, au lieu que ſi l'on cherche ſéparément l'attitude particuliére de ces différentes parties, ſans examiner la connexité qu'il y a des mouvemens de l'une aux mouvemens des autres, il en reſultera un pli ſi conſidérable dans les reins, que le Cavalier ſera, pour ainſi dire, enſellé; & comme dès lors il forcera ſa poitrine en avant & ſa ceinture au pommeau, il ſe trouvera totalement couché & renverſé ſur la croupe.

Quant aux bras, il faut qu'ils ſoient pliés au coude, & que les coudes repoſent également ſur les hanches, les bras étendus tiendroient en effet les mains du Cavalier ou infiniment trop baſſes, ou infiniment trop éloignées de ſon corps; & des coudes qui n'auroient aucun apui, varieroient ſans ceſſe, & donneroient conſéquemment à la main, une incertitude & une irréſolution capables de la falſifier à jamais.

Il

Il est vrai que la main de la bride, paroît d'abord être celle qui doit être nécessairement assurée, & que l'on pourroit conclure de là que le coude gauche seul doit reposer sur les hanches; mais la grace consiste dans la symétrie des parties du tronc; un coude toûjours en l'air d'un côté, & un coude arrêté de l'autre, présenteroient un spectacle désagréable.

C'est aussi ce qui me détermine pour la position de la main de la gaule. La main gauche étant à la hauteur du coude, de façon que l'os du petit doigt, & le petit os du coude soient sur une ligne droite, cette main, ni trop ni trop peu arrondie, mais contournée de maniére que le poignet seul en dirige l'action, placés la main de la gaule plus bas & plus en avant que l'autre. Je veux que son attitude soit plus basse, parceque, de niveau à la main de la bride, elle la gêneroit dans ses mouvemens, & si j'exige que sa situation soit plus avancée, c'est que ne pouvant faire un aussi grand tour que la main gauche, qui doit être vis à vis le milieu du corps du Cavalier, il faut que pour la la Symétrie des coudes, celle-ci soit incontestablement plus basse.

Les jambes & les pieds forment ce que j'ai appellé la ſeconde des parties mobiles.

Les jambes ont deux uſages. Elles ſervent à aider & à châtier l'animal. Elles doivent donc être près du corps du cheval, & ſur la ligne du corps du Cavalier, parce qu'étant dès lors près de la partie ſenſible, elles peuvent s'acquitter à tems de leurs fonctions. De plus, comme elles ſont une dépendance de la cuiſſe, ſi la cuiſſe eſt ſur ſon plat, elles auront, par une conſéquence néceſſaire, le tour qu'elles doivent avoir, & elles communiqueront infailliblement ce tour aux pieds, parce que les pieds dépendent d'elles.

La pointe des pieds ſera un peu plus élevée que le talon, plus la pointe des pieds eſt baſſe, plus le talon ſe raproche du corps du cheval, & dès lors il eſt dans le ventre ; obſervés néanmoins que preſque tous les Cavaliers pour relever la pointe, fauſſent & eſtropient la cheville. D'où provient ce défaut? La raiſon en eſt ſimple, c'eſt qu'ils employent à cet effet la force des muſcles de leurs cuiſſes & de leurs jambes, tandis qu'ils ne devroient ſe ſervir que de la ſeule articulation du cou du pied, articulation que la nature nous a donnée pour en faciliter les mouvemens, & pour les déterminer à droit & à gauche, en haut & en bas.

TEL est en peu de mots l'arrangement méchanique de toutes les parties du corps de l'Homme de cheval. Je ne m'étendrai pas d'avantage sur une matiére traitée amplement par tous les Auteurs en Cavalerie, il est inutile d'écrire ce qui est écrit, je n'ai eu, dans ce Chapitre, que le dessein de donner une idée de la correspondance qu'il y a des parties aux autres, parce que ce n'est que par la connoissance de cette rélation sympatique, que l'on peut parvenir à donner cette assiette naturelle, qui, dans l'Homme de cheval, est non seulement le principe de la justesse, mais encore le principe de la grace.

CHAPITRE II.

De la Main & de ses effets.

LA connoissance des divers caractères & des différentes natures des chevaux, des défauts & des vices de leurs con-

conformations, des proportions justes & symétrisées des parties qui composent leurs corps, est la base sur laquelle est fondée la théorie de notre Art; mais cette théorie devient, pour ainsi dire, inutile & superfluë, si nous n'y joignons le talent d'exécuter.

CE talent dépend principalement de la bonté & de la délicatesse de la main, délicatesse que la nature seule peut donner, & qu'elle n'accorde pas toûjours. Le prémier sentiment de la main, consiste en effet dans le plus ou le moins de finesse dans le tact; nous sommes tous également pourvûs de houpes nerveuses qui forment en nous le sens du toucher, mais ce sens est plus ou moins délicat & prompt dans les uns que dans les autres, on ne peut conséquemment définir précisément le point certain de la main, qui doit répondre & se communiquer au point certain de la bouche du cheval, parce que le sentiment dans la main est aussi différent dans les hommes, que le sentiment dans la bouche est différent dans les chevaux.

JE suppose donc un homme, qui, non seulement est en état de juger théoriquement de la qualité de la bouche du cheval,

val, mais que la nature à encore doué de ce tact subtil qui contribuë à la bonté de la main : voyons quelles sont les règles qui peuvent concourir à la perfectionner, & à la diriger dans les opérations qu'elle doit faire.

LE cheval va en avant, il va en arriére, il tourne à droit, il tourne à gauche, ces quatre mouvemens ne peuvent se faire de la part de l'animal, sans que la main du Cavalier y consente par quatre autres mouvemens qui y répondent, ainsi la main a cinq positions.

LA prémiére est la position générale, d'où partent & d'où doivent partir les quatre autres.

AYEZ la main à trois doigts de votre corps, à la hauteur du coude, de façon que le nœud de votre petit doigt soit sur la ligne droite du petit os du coude; que votre poignet soit assez arrondi, pour que les nœuds de vos doigts soient directement au dessus de l'encolure du cheval; que vos ongles soient vis à vis de votre corps, le petit doigt plus près de votre corps que les autres, le pouce exactement sur le plat des rênes que vous séparerez par le moyen de votre petit doigt, la rêne droite passant dessus,

dessus, voilà la prémiere position & la position générale.

Le cheval va-t-il en avant, ou plûtôt voulez-vous le déterminer en avant? Rendez la main, & pour cet effet baissez les ongles, de façon que votre pouce s'aproche de votre corps, que votre petit doigt s'en éloigne, & qu'il prenne la place des nœuds de vos doigts à la prémiere position, vos ongles directement au dessus, & vis à vis de l'encolure, voilà la seconde.

Voulez-vous porter le cheval en arriére? Partez de la prémiére position, arrondissés totalement votre poignet; que votre pouce prenne la place de votre petit doigt à la seconde position, & le petit doigt celle du pouce; que vos ongles soient entiérement tournées du côté de votre visage & regardent en haut, tandis que les nœuds de vos doigts seront tournés du côté de l'encolure, voilà la troisiéme.

Voulez-vous tourner à droite? Partez de la prémiere position, portez vos ongles à droit, renversant votre main, de façon que le pouce soit tourné du côté gauche, & le petit doigt du côté droit, voilà la quatriéme.

En-

Enfin voulez-vous tourner à gauche? Partez toûjours de la prémiere position, portez le dos de la main un peu à gauche, de façon que vos ongles viennent un peu en dessous, que le pouce soit un peu à droit, & le petit doigt à gauche, voilà la cinquiéme.

Ces différentes positions ne suffisent point, il faut passer des unes aux autres avec art & avec méthode.

La main doit donc avoir trois qualités, elle doit être ferme, elle doit être douce, elle doit être légére.

J'entens par main ferme, celle dont le sentiment a un raport parfait avec celui qui réside dans la bouche du cheval, ce sentiment étant dans un degré de fermeté & d'assurance, qui caractérise le bon apui que tout homme de cheval recherche toûjours.

J'entends par main douce, celle qui mitige le point d'apui ferme & assuré, & qui se relâchant un peu, modifie la force du sentiment dont je viens de parler.

Enfin, j'entends par main légére, celle qui diminuë encore le point d'apui, modifié par la main douce.

Les

Les qualités de la main dépendent conséquemment en partie, de la maniére de sentir plus ou moins, de rendre & de retenir.

On ne doit jamais passer tout à coup de la main ferme à la main légére, ni de la main légére à la main ferme, ainsi on ne peut en aucun cas dans les mouvemens de la main, franchir le point d'apui de la main douce. Passer tout d'un coup de la main ferme à la main légére, c'est abandonner totalement le cheval, c'est l'étonner, c'est manquer au liant nécessaire, c'est le précipiter sur les épaules, suposé que ce tems soit pris mal à propos. Passer subitement de la main légére à la main ferme, c'est une sacade, c'est une action déréglée, capable de gâter une bonne bouche, & de falsifier le meilleur apui; il est donc indispensable d'agir toûjours moëlleusement, & pour agir moëlleusement, il faut que le poignet seul conduise & dirige tous les mouvemens de la main, en la roulant, pour ainsi dire, selon l'action que l'on doit faire.

C'est conformément à ces principes, qu'à la prémiére position, j'exige que votre poignet soit assez arrondi pour que les nœuds

nœuds de vos doigts ſoient au deſſus de l'encolure du cheval, & que je veux encore que le pouce ſoit exactement ſur le plat des rênes. En effet, ſi votre poignet étoit plus arrondi que je ne le deſire, ou s'il l'étoit moins, votre main ne pourroit agir qu'en conſéquence des mouvemens de votre bras, & d'ailleurs elle paroitroit eſtropiée; & en ſecond lieu ſi le pouce n'étoit pas ſur le plat des rênes, elles couleroient continuellement dans votre main, elles perdroient l'apui en s'allongeant, & vous ſeriez contraint pour le retrouver, d'hauſſer la main & le bras à tout moment, ce qui vous jetteroit dans l'embarras, & vous feroit perdre la juſteſſe, ſans laquelle le cheval n'obéïra jamais franchement & librement.

IL eſt vrai que ſur des chevaux bien mis, le cavalier peut prendre des licences; ces licences ne ſont autre choſe, que les mouvemens que nous connoiſſons, ſous le nom de deſcentes de main, & ces deſcentes de main ſe font de trois maniéres, ou en baiſſant totalement les ongles ſur l'encolure, ou en prenant les rênes de la main droite, quatre doigts au deſſus de la main gauche, & en les laiſſant couler en même tems dans la main gauche, & baissant la main droite sur l'encolure; ou enfin en mettant le cheval sous le bouton, c'est-à-dire, en prenant le bout des rênes avec la main droite, les abandonnant de la main gauche, & laissant tomber le bout des renes sur l'encolure; mais ces mouvemens, qui donnent une grace infinie au Cavalier, ne doivent se faire qu'avec précaution, que dans le tems ou le cheval est parfaitement rassemblé, & qu'en contre-balançant par le moyen du corps en arriére, le poids du cheval sur les hanches.

L'APUI constant & continué toûjours dans le même degré de force, échauffe la partie, émousse le sens du toucher, endort la barre & la rend insensible, de là, la nécessité de l'action de rendre & de retenir. Il est encore, outre les principes que j'ai indiqués, d'autres préceptes non moins certains, mais dont la finesse & la délicatesse ne peut être connuë de toutes les mains.

MA main placée à la prémiére position, j'ouvre les deux doigts du milieu, je relâche conséquemment ma rêne droite, je referme la main, la rêne droite reprend le point

point d'apui. J'ouvre le petit doigt, & portant le bout de ce petit doigt sur cette même rêne droite, je relâche la gauche, & je racourcis la droite, je referme la main entiérement & je l'ouvre aussitôt; je diminuë donc le degré de tension des deux rênes en même tems, enfin je resserre la main, je ne la serre plus si fort, je la resserre: c'est ainsi que par la vibration des rênes, je confonds le sentiment de ma main avec celui de la bouche du cheval; c'est ainsi que je badine avec une bouche fine & travaillée, & que je soulage successivement les deux barres sur lesquelles se fait le point d'apui.

IL en est de même de la seconde descente de main; ma main droite saisie des deux rênes, je passe & je coule ma main gauche sur les rênes en montant, en descendant, & dans le point d'apui de la main douce & de la main légére, au moyen dequoi le cheval cherche lui-même à entretenir l'harmonie de ce sentiment mutuel, qui seul peut lui faire gouter la sujettion du mords.

J'AI expliqué les différentes positions & les différens mouvemens de la main. Disons un mot des effets que ces mouvemens & ces positions produisent.

La main du cavalier conduit les rênes, les rênes agiſſent ſur les branches, les branches ſur l'embouchure & ſur la gourmette, l'embouchure opère ſur les barres, & la gourmette ſur la barbe.

La rêne droite détermine le cheval à gauche, la rêne gauche détermine le cheval à droite. Vous voulez tourner à droit, vous paſſez à la quatriéme poſition, c'eſt-à-dire, vous portés vos ongles à droit ; or en portant vos ongles à droit, en renverſant votre main de façon que le pouce eſt tourné du côté gauche, & le petit doigt élevé du côté droit, vous accourciſſez la rêne gauche : donc cette rêne gauche porte & détermine le cheval à droit.

Vous voulez tourner à gauche, paſſez à la cinquiéme poſition; vous porterez le dos de la main à gauche, de façon que vos ongles viendront un peu en deſſous, votre pouce ſera à droit, le petit doigt à gauche, ce mouvement accourcira la rêne droite : donc la rêne droite porte & détermine le cheval à gauche.

Je vous ai dit que l'effet de l'embouchure ſur les barres, & de la gourmette ſur la barbe, dépend des branches. Quand les branches montent, le mords baiſſe,

&

& lorſque les branches baiſſent, l'embouchure monte plus haut; ainſi le cheval allant droit en avant, ſi vous tenez la main baſſe & près de vous, l'embouchure preſſe beaucoup plus ſur les barres, & la gourmette ayant par conſéquent plus de liberté, agit moins ſur la barbe. Si au contraire, vous tenez la main haute, un peu avancée, & par conſéquent moins éloignée de la ligne perpendiculaire au bas des branches, dès lors l'embouchure baiſſe, & les branches travaillent néceſſairement plus ſur la gourmette, qui preſſe alors extraordinairement ſur la barbe; or pour placer, pour ramener la tête du cheval, il faut avoir la main baſſe, & pour relever le cheval peſant à la main, ou qui s'arme, il faut avoir la main haute & un peu avancée.

VOULEZ-vous enfin porter votre cheval en arriere, recourez à la troiſiéme poſition, mais arrondiſſez exactement votre poignet, afin de réünir la force des deux rênes, & d'aider votre cheval à reculer par ce moyen plus aiſément dans la balance des talons, ce qu'il ne pourroit faire ſi l'une agiſſoit plus que l'autre.

IL eſt des cas où l'on ſépare les rênes

& où l'on en tient une dans chaque main; c'eſt dans ceux où l'on trotte un jeune cheval, ou bien, où l'on en travaille un qui ſe deffend. Dans ces occaſions ayez les deux mains à égale hauteur, & tenez-les baſſes & près de vous. Pour tourner le cheval à droit employez la rêne droite, pour le tourner à gauche employez la rêne gauche, mais pour qu'elles faſſent effet, agiſſez doucement du bras en l'éloignant de votre corps, & en portant votre main toûjours en bas, & près même de votre botte.

TELS ſont les principes qui vous conduiront à la perfection des aides de la main, toute autre méthode eſt fauſſe : l'expérience nous le prouve d'autant plus, que les nouvelles découvertes que l'on a cru avoir fait depuis peu, n'ont produit que des mains foibles & lentes, ſans fermeté, dont les mouvemens vagues & incertains, jettent la bouche du cheval dans une continuelle irréſolution, & dont la haute poſition, a cauſé la ruine totale des jarrets de tous les chevaux travaillés conformément à ces maximes ridicules.

CHA-

CHAPITRE III.

Des deffenſes des Chevaux, & des moyens d'y remédier.

LES deffenſes des chevaux naiſſent ſouvent plutôt de l'impéritie du Cavalier, que des défauts naturels du cheval même; en effet, trois choſes peuvent les occaſionner, l'ignorance de l'animal, ſa mauvaiſe volonté & ſon impuiſſance.

UN cheval ne ſait pas ce qu'on lui demande, il eſt dans la ſujettion, il ſe revolte, rien n'eſt plus commun. Enſeignez lui donc à connoitre; la fréquente répétition de vos leçons convertira enſuite cette connoiſſance en habitude, & vous le rangerez ſous les loix de l'obéiſſance la plus exacte.

IL ne veut point exécuter; ce défaut peut procèder ou de malignité, ou de lâcheté, ou de trop d'ardeur; ſouvent il procède des deux prémiers de ces vices, quelquefois des trois enſemble. Dans les uns ou les autres de ces cas, il faut uſer de rigueur, mais avec prudence: ſouvenez-vous que l'eſpoir de la récompenſe a autant d'empire ſur l'entendement de l'animal, que la crainte des châtimens.

LE cheval ne peut pas exécuter, examinez-le; il pêchera dans quelque partie de ſon corps ou dans le tout; il ſera défectueux, il manquera de force & de légéreté, ou bien il pêchera dans les deux points; en un mot un cheval ſe deffend. Ne ſait-il pas? Enſeignez-le. Ne peut-il pas? Tâchez par le moyen de l'art de reformer la nature. Ne veut-il pas ſachant & pouvant? Après avoir épuiſé les voyes de douceur & de patience, contraignez-le par celles de la rigueur.

IL faut donc qu'un Cavalier parfait dans ſon Art, aye le talent de connoitre d'où peuvent provenir les deffenſes du cheval, & cette connoiſſance eſt d'autant plus difficile, qu'il faut diſtinguer ſi l'origine de la deffenſe vient, ou du fond du caractére de l'animal, ou de ſa conformation.

LES natures différentes des chevaux ſont innombrables; il eſt vrai qu'ils en eſt de générales dont les particulieres ſe reſſentent toûjours.

QUATRE qualités concourent à former

mer un cheval défectueux & mauvais, la foiblesse, la pesanteur, le défaut de courage & la paresse.

QUATRE qualités concourent à former un cheval parfait, la force, la légéreté, le courage & le jugement.

LE mélange de ces différentes qualités forment les diverses natures de l'animal, selon qu'il est plus mal ou mieux constitué, car son tempérament, ou plûtôt l'harmonie ou la discordance des parties organiques, qui composent sa machine, décident presque toûjours de son caractère : c'est au Cavalier qui entreprend, à ne travailler qu'avec sagesse, & à conformer ses règles & ses principes, à la nature & aux forces du cheval qu'il veut dresser & qu'il doit connoitre.

UN cheval est difficile au montoir: Allez à la source d'où peut provenir ce vice. Il provient ou de l'ignorance, ou de la brutalité de ceux qui l'ont exercé les prémiers, ou de ce que la selle l'a blessé, ou d'un caractère naturellement méchant. De quelque cause qu'il procéde ne battez point l'animal; bien loin de le corriger de ce défaut, vous l'y confirmeriez. Flatez-le en l'aprochant, maniez sa tête & ses crins, frappez, en lui parlant, ſur le ſiége de la ſelle. Tenez-vous ferme enſuite, mettez ſeulement le pied à l'étrier pour aſſurer le cheval, qui doit, avant que de paſſer plus loin, s'accoutumer & perdre l'appréhenſion qui lui fait haïr le montoir; peu à peu il ſe laiſſera monter, vous le deſcendrez, vous le remonterez pluſieurs fois de ſuite ſans lui demander autre choſe, & vous le renverrez à l'écurie. S'il arrive, lorſque vous ſerez en ſelle, qu'il s'enfuye de la place où il aura été monté, remenez-l'y, tenez-l'y quelque tems, flatez-le & deſcendez-le. Les prémiéres leçons doivent toujours être bien méditées, quand il s'agit de ramener un cheval, de la liberté à l'obéiſſance & à la ſujettion de la ſelle, de la bride & du poids du corps de l'homme; il n'eſt point étonnant qu'il employe ſes forces & ſa vigueur à ſe deffendre.

LA plûpart des poulains font difficulté de paſſer, & de ſe porter où on veut les conduire; cette prémiére déſobéiſſance ne doit pas ſurprendre. Elle provient de l'habitude qu'ils ont contractée dès leur naiſſance de ſuivre leurs meres. Accoutumés à cette liberté, aſſujettis tout à coup par le mords, il eſt naturel qu'ils ſe révoltent.

tent. On ne peut les corriger de ces prémiéres impressions que par la douceur, & par la patience; un Cavalier qui auroit recours à la force, & qui employeroit ce moyen sur le champ, aviliroit l'animal & le rendroit à jamais vicieux. Si l'on ne peut donc déterminer le poulain en avant, il faut faire marcher un cheval devant lui; le Cavalier qui montera le poulain, essayera de le conduire insensiblement à côté du cheval qui lui servira de guide, & ensuite de le devancer. Si le poulain s'étonne de ne plus voir le cheval, & qu'il veuille ou s'arrêter ou reculer, le Cavalier essayera de le chasser en avant, soit de la voix, soit par quelque léger châtiment; ou bien celui qui montera le cheval fait & assuré, lui donnera quelques petits coups de chambriére pour le déterminer; & si d'abord on ne peut y réüssir, le Cavalier repassera devant, & peu à peu le poulain s'accoutumera & s'acheminera, car une leçon seule ne suffit pas.

La plûpart des chevaux qui sont ombrageux, ont quelques défauts de vuë qui leur fait craindre d'aprocher des objets. Le Cavalier doit en ce cas avant que d'user des châtimens, qui le plus souvent étonnent

tonnent le cheval, & lui otent la vigueur & le courage, tâcher de le conduire doucement vers la chose qu'il redoute, soit par la voix, soit par un mouvement léger des jambes. S'il refuse d'avancer, on peut lui faire discrettement sentir les éperons & le pousser imperceptiblement, en le flatant, où il ne veut pas se porter de lui-même. Les coups rigoureux ne sauroient le guèrir de cette humeur craintive qui est un défaut naturel, ni de l'imperfection de la vuë qui est une maladie, mais l'habitude de reconnoitre & de sentir l'objet qu'il craint, peut avec le tems supléer au défaut de la nature. Si cependant la paresse & la malice étoient jointes à ces accidens, alors vous userez selon le besoin de douceur & de châtimens sévères, & vous les proportionnerés suivant les effets qu'ils produiront. Du reste ne surprenez jamais de jeunes chevaux ombrageux, ne leur faites point peur avec ce qu'ils craignent le plus, ne recherchez pas les occasions de les battre pour les contraindre d'en aprocher, accoutumez-les peu à peu & avec patience; l'effroi du châtiment est souvent plus préjudiciable, que celui du prémier objet aprehendé.

Il

Il en eſt qui ſont ſaiſis d'une telle frayeur à l'aſpect d'un pont de pierre ou de bois, & au bruit & au retentiſſement des concavités, qu'ils ſe précipitent dans l'eau ſans que le Cavalier puiſſe les retenir. On peut les guerir de cette crainte, en faiſant élever la place où on les met, dans l'écurie, de trois pieds au deſſus du pavé, & en la faiſant garnir de plateaux de chêne. Le cheval étant ſur les plateaux, ſes pieds font le même bruit que lorſqu'il marche ſur un pont, & il eſt conſéquemment forcé de s'y accoutumer.

Pour l'habituer auſſi au bruit de l'eau qui paſſe ſous le pont, menez-le à un moulin, faites planter deux piliers vis à vis de la rouë, & attachez-le à ces piliers pluſieurs fois réguliérement deux heures dans la journée. Ces différentes opérations faites, remenez votre cheval ſur le pont, & faites-le précéder par un cheval qui n'aye aucune crainte; peu à peu vous le verrez paſſer le pont entier auſſi librement, & auſſi tranquillement que s'il n'eut jamais eu la moindre apréhenſion.

Quant au cheval naturellement porté à ſe coucher dans l'eau, ayez deux bâles de plomb percées, attachez-les à une petite

tite ficelle. Dans le moment que vous verrez que le cheval sera prêt à se coucher, vous les lui laisserez tomber dans les oreilles, & s'il se relève ou continuë son chemin, vous les retirerez; ce moyen n'est pas moins sûr que celui de lui rompre alors sur la nucque, un flacon de verre revêtu d'osier, & de lui faire couler dans les oreilles l'eau qu'il contenoit.

Le feu, la fumée, l'odeur de la poudre, le bruit des canons & des autres armes, étonnent & épouvantent naturellement un cheval. Il en est peu qui veulent aprocher du feu, & qui passent au travers sans difficulté. Il est néanmoins des occasions où l'on est obligé malgré soi, d'y porter le cheval que l'on monte, il est donc nécessaire de l'y accoutumer. Commencez d'abord à le lui faire reconnoître, & pour cet effet attachez-le entre deux piliers, & faites tenir à trente pas de lui pendant quelques jours, & à diverses reprises, un brandon de paille ardente. Que l'homme qui le porte aproche du cheval pas à pas, qu'il s'arrête souvent selon le plus ou le moins de frayeur qui saisira le cheval, qui, dans peu, ne redoutera plus cette flâme. Montez ensuite le

cheval

cheval, menez le insensiblement jusques au brandon, sans que l'homme qui le tient remuë, & s'il en aproche sans crainte, l'homme à pied fuira avec le feu à la main & le Cavalier le poursuivra. Voulez-vous que votre cheval passe au travers de la flâme, faites mettre la paille à demi éteinte à terre & il y passera.

POUR ce qui regarde le bruit des armes & de la caisse, faites le lui entendre avant de lui donner son avoine, réguliérement tous les jours, pendant un certain tems; vous l'y habituerez.

ON appelle cheval entier à une main celui qui refuse d'y tourner. Un accident à un pied, à une jambe, à une épaule, sera souvent cause que le cheval sera entier du côté où il sentira de la douleur; un mal de reins ou de hanche, une courbe, des éparvins l'empêchant de se bien apuyer sur les jarrets, feront qu'il ne voudra pas tourner. L'Art ne peut remédier à ces inconvéniens, ainsi tout cheval affecté ne sauroit bien manier, puisqu'il n'aura point de souplesse.

IL n'est point d'ailleurs de cheval qui ne se porte plus naturellement à une main qu'à l'autre, & alors il se porte du côté où où il ſe ſent plus foible, parce que le plus fort, fait plus aiſément la plus grande action du tour.

ILS peuvent encore être entiers par quelque défaut de vuë, accidentel ou naturel. J'ai éprouvé pour corriger alors le cheval de ce vice, un moyen qui m'a réuſſi. J'ai mis une Lunette ſur l'œil malade, & comme le défaut provenoit de la maladie, le cheval s'eſt déterminé peu à peu à la main où il étoit entier; enſuite j'ai fait de petits troux à cette Lunette, je les ai agrandis inſenſiblement, & l'œil du cheval accoutumé de degré en degré à recevoir la lumiére, & à ſe tourner à cette main, ne s'eſt plus revolté; je l'y ai exercé de tems en tems pour l'y confirmer.

J'AI dit qu'il n'y a pas de cheval qui ne ſe porte plus naturellement ſur une main que ſur l'autre: leur inclination les porte en effet ordinairement à gauche plus volontiers qu'à droite: les uns en attribuent la cauſe à la ſituation du poulain dans le ventre de ſa mere, & prétendent que dès lors il eſt tout plié du côté gauche; les autres ſoutiennent, que le cheval ſe couchant le plus ſouvent ſur le côté droit, contracte l'habitude de plier le col & la tête à main gauche.

gauche. Sans s'attacher à ces vaines ſpéculations, il eſt plus ſimple d'imaginer que cette habitude nait de la coutume, dans laquelle les palfreniers ſont de le ſervir. En prémier lieu, le licol, le filet, la bride, les ſangles & la ſelle ſe mettent & s'attachent du côté gauche, on pance un cheval & on lui donne à manger de ce même côté, on le conduit toûjours de la main droite en le menant en main, & par ce moyen on lui tire la tête à gauche : voilà conſéquemment bien des raiſons capables de faire préſumer, que s'il lui eſt plus libre de tourner à cette main, on doit s'en prendre à l'habitude qu'on lui en donne ſoi-même.

Les chevaux qui ont plus de pente à ſe porter ſur la main droite ſont rares, c'eſt ſigne ſouvent qu'ils ſont de nature maligne; ils ſont long-tems à perdre ce défaut & donnent beaucoup de peine.

Les châtimens violens ne ſont pas propres à déterminer le cheval entier à une main; s'il eſt mélancolique & flegmatique, il perd le courage & la vigueur ; s'il eſt colére, s'il eſt actif, il ſe déſeſpère; travaillez-le donc ſelon l'Art & les remèdes que vous imaginerez capables de reformer l'habitude qu'il a priſe, & de corriger ſa déſobéïſſance. Se deffend - il avec obſtination à une main ? Prenez dans la leçon ſuivante le prémier tour du côté où il ſe porte plus aiſément : finiſſez-la de même, vous vaincrez le cheval peu à peu, & autrement vous le gendarmeriez pour jamais. Un cheval qui ſe deffend avec force, qui a du cœur & de la vigueur, ſes deffenſes vaincuës, ne manquera pas de réuſſir, pourvu qu'il ſoit ſous la conduite d'un homme ſavant & intelligent, & qui aye l'uſage & la pratique de l'accord de la main & des jambes : ce cheval même eſt préférable à celui qui ne ſe révolte point, parce que ſouvent la nature manque, pour ainſi dire, dans ce dernier, attendu ſa foibleſſe & ſon peu de cœur.

POUR apprendre à un cheval à tourner à toutes mains, ſéparez vos rênes, ainſi que je l'ai déja obſervé; laiſſez-lui en la liberté, ſoutenez-le médiocrement, & de façon que vous puiſſiez aiſément lui tirer la tête du côté où vous voudrez le tourner, afin de lui rendre l'action plus libre en tournant.

LE cheval refuſe-t-il d'obéïr ? Examinez-le; eſt-il impatient, méchant & colére? Ne

Ne le battez point, pourvû qu'il aille en avant, parce qu'étant retenu, cette sujettion le châtie assez ; s'il s'arrête, s'il cherche à se deffendre en se portant en arriére, déterminez-le en avant par le moyen de la chambriére.

La deffense d'un cheval dont la bouche est mauvaise, s'exerce plûtôt en avant qu'en arriére & en forçant la main. Celui-la ne doit pas être battu, il doit être retenu, comme je viens de le dire, il faut lui donner un bon & un juste apui, & le mettre sur les hanches, afin de lui ôter l'habitude de s'apuyer sur la bride, & de forcer la main. Si le cheval est pesant, ne le pressez pas avant de l'avoir allégéri du devant, ou avant de l'avoir mis sur les hanches, de crainte qu'il ne se précipite si fort sur les épaules, qu'il soit ensuite très difficile de le relever. Allégérissez surtout celui qui joindroit la malice à la pesanteur, car si vous le pressiez, il se deffendroit par vice, & n'étant secondé ni par la force ni par la légéreté, vous courriez sur lui des risques évidens.

Un cheval retif est un cheval qui ne veut point aller en avant, qui se deffend à une place par des contretems de différente eſpèce. N'y a-t-il pas à craindre de ſe rebuter ſoi-même avec un cheval qui a gardé long-tems ce vice? Quelle patience pour le corriger d'un défaut auſſi eſſentiel, & qui par l'habitude & par la longueur du tems, peut être devenu auſſi enraciné qu'un défaut naturel! Obſervez avec un animal de cette eſpèce, c'eſt-à-dire, avec un cheval retif pour avoir été trop contraint & trop gourmandé, autant de douceur que s'il étoit poulain; les éperons ſont contraires à ce dernier comme à l'autre; ſervez-vous de votre gaule pour les chaſſer en avant, vous les étonnerez moins: les éperons effrayent un cheval, ils le rendent timide & ſeroient plûtôt capables de le faire devenir retif, que de le déterminer s'il étoit ramingue.

On peut encore pour corriger le cheval retif, le faire beaucoup reculer dans le moment même de ſa deffenſe: quelqueſois ce châtiment réuſſit, mais la règle générale eſt, de porter en avant tout cheval dont les contretems ſe font à la même place, ſoit que ces ſauts déréglés ſe faſſent en tournant ou en ſe traverſant, & pour cet effet les partirs de main ſont admirables.

La

L'A plus dangereuse des deffenses, est celle dans laquelle le cheval se lève précipitamment sur les pieds de derriere & presque tout droit, parce que dans cette situation il peut se renverser sur le Cavalier, & que le Cavalier par conséquent court risque de perdre la vie. On en corrige le cheval par un châtiment qui ne produit qu'un effet dangereux, s'il n'est pas donné à propos. Lorsque le cheval se lève droit pour former sa pointe, mettez tout votre corps en avant, rendez toute la main, le contrepoids de votre corps le forcera à remettre les pieds de devant à terre. Pour le corriger, serrez des deux & apuyez vivement les talons dans le tems que ses pieds de devant seront près de terre.

CES aides & ces châtimens doivent être donnés avec une grande justesse & une grande précision, car si vous serrez des deux dans le tems que le devant du cheval est en l'air, il se renversera; au contraire si vous n'apuyez les éperons que dans le tems que ses pieds de devant seront près de terre & qu'il retombera, il est impossible qu'il se renverse, parce que dès que sa pointe est terminée & qu'il revient dans sa position ordinaire, il ne peut

 relever

relever ſon contretems, ſans prendre la force de terre ; or avant de lui en donner la liberté, il a eſſuyé le châtiment, & le châtiment le porte en avant & le corrige.

CETTE déffenſe eſt encore plus terrible dans les chevaux coléres & qui ont peu de force, que dans les autres. Ceux là font des pointes continuelles, & quelque précaution que prenne le Cavalier, il eſt à tous momens en danger : voici la maniére de châtier ces derniers.

ATTACHEZ le cheval entre les deux piliers très court, & avec un bon caveçon de corde, qu'il n'y aye perſonne ſur lui. Piquez le cheval à la feſſe avec un aiguillon pour le faire rüer, flattez-le quand il ruë, continuez à le faire ruer, flattez-le & tenez-le ainſi un quart d'heure par jour. Lorſqu'il ruë d'abord qu'on aproche l'aiguillon, & ſans attendre qu'on le pique, montez-le, tenez les rênes très longues dans votre main, apuyez le poinçon, & qu'un homme à pied armé de l'aiguillon le pique en même tems, careſſez-le s'il ruë, continuez d'apuyer le poinçon & faites-le ruer, juſqu'à-ce qu'il ruë à l'aproche du poinçon & ſans le ſentir ; vous devez le mettre à ce point au bout de ſix ou ſept jours.

jours. Dans cet état, vous l'oterez des piliers, vous le monterez en le faisant troter à la longe, & vous le ferez d'abord ruer avec l'aiguillon & le poinçon; ensuite vous marcherez deux ou trois pas, vous le ferez ruer & continuerez ainsi par gradation. Vous le galoperez; s'il se présente pour faire une pointe, vous vous servirez du poinçon, rien n'est au dessus de cette leçon pour corriger le cheval de ce vice dangereux & terrible.

Ceux qui ruent continuellement soit en allant en avant, soit à la même place, veulent être extrêmement renfermés; reculez-les vigoureusement & vous leur oterez ce défaut.

Resumons ce Chapitre. Les chevaux sont naturellement moins adroits que nerveux, plus timides que courageux, plus coléres que méchans. S'ils entrent dans le désespoir, c'est souvent pour éviter plûtot l'extrême douleur, ou la sujettion qu'ils ressentent ou qu'ils craignent, que pour entreprendre contre celui qui les travaille. Armez-vous d'un grand fond de patience. Tenez les chevaux coléres plus en crainte qu'en sujettion, ils sont naturellement sensibles & craintifs, & les châtimens contraints pourroient les rebuter & les déſeſperer. Ceux qui ſont d'un naturel bouillant ſont communément timides & malicieux, ainſi prévenez les déſordres & les fautes qu'ils peuvent commettre, car la douceur & les careſſes ne les reduiroient point, & la rigueur de l'école les aviliroit; enfin uſez de leçons courtes, faciles & réïterées avec les chevaux flegmatiques, parce qu'ils ont peu de mémoire & fort peu de courage & de force. Ne vous départez point en un mot de ce grand principe, qu'il faut toûjours garder un juſte milieu entre une douceur trop puſillanime & une rigueur trop ſévère; proportionnez l'exercice du cheval aux forces que vous découvrirez en lui, l'habitude des leçons à la mémoire qu'il aura, & les menaces, les châtimens & les careſſes, à la diſpoſition de ſon courage.

CHA-

CHAPITRE IV.

Du Trot.

L'ACTION des jambes d'un cheval qui trotte, est d'avoir dans ce mouvement deux pieds en l'air & deux à terre, au même tems traversez de maniere que le pied du montoir de devant, & le pied du hors montoir de derriere soit en l'air, & les deux autres alternativement à terre. Cette action est la même que celle du pas, mais dans l'action du trot, le mouvement est plus vite & plus diligent.

IL n'est point d'Auteurs anciens & modernes qui n'ayent dit, que le trot est le fondement des leçons que l'on doit donner à un cheval ; il n'en est point aussi qui ne se soient contentés de donner à cet égard des principes généraux, nul d'entr'eux n'est descendu dans le détail des règles particulieres, & dans la distinction des cas qui souffrent des exceptions ; cas qui arrivent fréquemment par les différentes conformations, & par les dispositions plus ou moins favorables des chevaux que l'on entreprend, ensorte qu'en suivant leurs maximes, on a vû plusieurs chevaux avilis, pesans & ruinés plûtôt que dénoués, & qu'il est résulté de leurs principes, quoique bons, autant d'inconvéniens, que s'ils eussent été dictés par l'incapacité & l'ignorance.

Le trot pour produire de bons effets, doit avoir trois qualités essentielles. Il doit être déterminé, délié & uni. Ces trois qualités nécessaires ont une dépendance absoluë, & participent l'une de l'autre; on ne peut en effet passer au trot délié, sans avoir commencé par le trot déterminé; & on ne peut parvenir au trot uni, sans avoir fait connoitre au cheval le trot délié.

J'appelle trot déterminé, celui dans lequel le cheval trotte sans se retenir, sans se traverser, & par le droit; c'est conséquemment celui par lequel on doit commencer, car avant de rien entreprendre, il faut indispensablement qu'un cheval embrasse sans peine & sans crainte, le terrain qu'il découvre devant lui.

Le trot peut être déterminé sans être délié, le cheval peut en effet se porter en avant, mais ne pas avoir en même tems ce ce dénouëment dans les membres qui caractérise le trot délié. J'entends par trot délié, celui dans lequel le cheval en trottant, & dans chaque mouvement de son trot, plie toutes les jointures, c'est-à-dire, celles des épaules, des genoux & des pieds; ce que ne peuvent faire les poulains à qui l'exercice n'a pas encore donné cette facilité dans le maniment de leurs membres, & qui trottent au contraire avec une roideur étonnante, & sans faire montre du moindre ressort.

Le trot uni est celui dans lequel les mouvemens du cheval sont tellement égaux, que ses jambes n'embrassent pas plus de terrain les unes que les autres; il faut que dans cette action le cheval rassemble ses forces, & les distribuë également, pour ainsi dire.

Pour passer du trot déterminé au trot délié, il faut renfermer peu à peu le cheval, & dès qu'il aura acquis dans cet exercice, la souplesse nécessaire pour manier ses membres avec liberté, vous le renfermerez insensiblement de plus en plus, & peu à peu vous le conduirez au trot uni.

Le trot est le prémier exercice que l'on enseigne au cheval; cette leçon est nécessaire,

ſaire, mais donnée ſans jugement, elle devient fauſſe & préjudiciable.

Les chevaux qui ont de l'ardeur, ont une diſpoſition trop grande au trot déterminé; ne les abandonnez pas, retenez-les, apaiſez-les, modérez leurs mouvemens en les renfermant avec ſageſſe, leurs membres ſe dénoueront, & ils acquerront en même tems l'union néceſſaire.

Le cheval eſt-il peſant? Conſiderez ſi la peſanteur ou l'engourdiſſement des épaules ou des jambes de l'animal, provient d'un défaut de force ou de ſoupleſſe, ou s'il naît d'un exercice défectueux, outré ou trop médiocre. Si le cheval eſt peſant parce que le mouvement de ſes bras & de ſes épaules eſt naturellement froid & pareſſeux, & ſi en même tems ſes membres ſont bons, & que ſa force ne ſoit que nouée & retenuë, pour ainſi dire; le médiocre, mais le continuel exercice du trot le dégourdira, l'aſſouplira, & lui rendra l'action des épaules & des jambes plus libre. Soutenez-le en le trottant, mais prenez garde de le retenir juſques au point de trop modérer ſes mouvemens; en le ſoutenant aidez-le & chaſſez-le en avant, obſervez néanmoins, que s'il eſt chargé de

tête,

tête, la continuation du trot pourroit lui rendre l'apui encore plus ſourd, parce que par là il s'abandonneroit encore d'avantage.

Celui qui auroit des diſpoſitions à être ramingue doit être tenu au trot déterminé. Tout cheval qui tient du ramingue a de la diſpoſition à unir ſes forces, ne ſongez donc qu'à le déterminer en avant; dans le tems qu'il vous obéïra, & qu'il s'y portera ſans peine, retenez-le légérement, rendez la main tout de ſuite, & vous verrez que peu à peu le cheval pliera les jointures & s'unira de lui-même.

Le cheval froid & pareſſeux, & dans lequel on trouve de la force & de la reſſource, veut être auſſi trotté déterminément. S'il s'anime raſſemblez-le peu à peu, afin de le conduire inſenſiblement au trot délié; mais ſi en le raſſemblant, vous ſentez qu'il ſe retienne & qu'il rallentiſſe ſon mouvement, uſez des aides vives, chaſſez-le en avant ſans cependant ceſſer de le retenir doucement de la main; alors il s'animera & s'unira.

Que ſi le cheval froid & pareſſeux, manque de force dans les jambes & dans les reins, ménagez-le dans le trot, autrement

ment vous l'énerveriez. D'ailleurs pour vous prévaloir des forces du cheval qui en a peu, donnez-lui de l'haleine en l'exerçant lentement, & en augmentant peu à peu la vigueur de son exercice, car il faut vous souvenir que vous devez cesser de travailler un cheval avant que la lassitude l'accable; n'outrez jamais la leçon, dans l'espérance de lui dénouer les membres en le trottant, vous lui falsifieriez & vous lui endurciriez l'apui, ce qui n'arrive que trop souvent.

De plus, il est important d'observer, que ni dans le trot déterminé, ni dans le trot délié, ni dans le trot uni, il ne faut pas s'attacher à la main, croyant de relever le cheval & de lui placer la tête. S'il a l'apui à pleine main, & que l'action du trot soit retenue par la sujettion de la bride, les barres, la barbe, seront bientôt endormies, & la bouche totalement endurcie: si au contraire il a la bouche sensible, cette même sujettion la lui offensera; il faut donc, comme je l'ai déja dit, le conduire insensiblement au véritable apui, lui placer la tête & lui assurer la bouche par le moyen des arrêts, des demi arrêts en le retenant d'une main légére,

en

en la rendant auſſitôt, & en le laiſſant ſouvent trotter ſans bride.

Il y a une différence entre les chevaux qui peſent & ceux qui tirent à la main. Les prémiers s'apuyent & s'abandonnent ſur la main pour être foibles ou trop chargés, ou pour avoir la bouche trop charnuë, & par conſéquent endormie. Les autres tirent, parce qu'ils ont les barres dures & communément rondes & décharnées; ceux-ci peuvent ſe ramener par l'exercice du trot & du petit galop, & ceux-là ſe peuvent allégérir par l'Art en ſe fortifiant par le trot. Les prémiers qui peſent ſont ordinairement pareſſeux, ceux qui tirent ſont pour la plûpart impatiens, déſobéiſſans, & par cela même plus dangereux & plus incorrigibles.

La ſeule marque, ou plûtôt la marque la plus aſſurée que votre cheval trotte bien, c'eſt lorſqu'en trottant & que vous le preſſez un peu, il eſt prêt à galoper.

Apres avoir trotté votre cheval par le droit, trottez-le ſur de grands cercles, mais avant de le trotter ainſi, faites-lui reconnoitre le terrain au pas. Ce terrain reconnu, exercez-le au trot; un cheval chargé & pesant, trouve plus de contrainte à tenir ses forces unies pour pouvoir bien tourner que pour aller par le droit ; cette action du tour occupe la force de ses reins, sa mémoire & son attention ; ainsi qu'une partie de vos leçons se fassent en allant par le droit, terminez les même de cette façon, & que les distances des arrêts multipliés soient courtes, médiocres ou longues, selon que vous le trouverez nécessaire, je dis des arrêts multipliés, car les arrêts sont souvent des châtimens pour des chevaux qui s'abandonnent, forcent la main, ou qui s'apuyent trop en trottant.

Il est des chevaux qui ont les épaules assouplies, mais qui néanmoins s'abandonnent, faute de la part du Cavalier, d'avoir soutenu fort souvent la main de la bride en les travaillant sur de grands cercles : trottez-les sur une piste, & bien large, & arrêtez-les souvent, tenant votre corps en arriere avec la jambe de dehors pour leur faire baisser les hanches.

Les principaux effets du trot sont donc d'allégérir le cheval, & de lui donner de l'apui. En effet, dans cette action le cheval est toûjours porté d'un côté sur une jambe de devant, & de l'autre sur une jambe

jambe de derriére, or le devant & le derriére étant également soutenus de biais, le Cavalier ne peut manquer de lui assurer la tête & de lui dénouer les membres; mais s'il dispose les esprits & les mouvemens du cheval nerveux, aux plus justes leçons, si le trot dévelope ses forces nouées & retenuës, pour ainsi dire; si ce prémier exercice est le fondement de tous les airs & de tous les maneges, il doit être proportionné à la vigueur du cheval.

Il ne faut pas pour en juger s'arrêter aux actions apparentes. Un cheval peut avoir fort peu de reins, & accompagner nerveusement quelque bel air tant que ses forces seront unies, mais la désunion causée par l'exercice immodéré du trot, fera que le cheval trainera l'air de son manege.

Il en est aussi qui sont très forts de reins, mais qui ont les membres foibles; ils se retiennent, ils se courbent en trottant, ils se défient de leurs épaules, de leurs jambes ou de leurs pieds. Leur irrésolution ne procède que d'un sentiment naturel qu'ils ont de leur débilité. Ne les travaillez-pas excessivement au trot, n'usez-pas de châtimens rigoureux; leurs épaules, leurs jambes ou leurs jarrets s'affoibliroient, de façon que venant bientôt à s'acculer ou à s'abandonner ſur l'apui, ils ne pourroient plus ſe ſoutenir & fournir à aucun air, avec vigueur & avec juſteſſe. Que vos leçons ſoient donc bien méditées; l'unique moyen qui peut vous aſſurer de leurs ſuccès eſt la ſageſſe dans la diſpenſation que vous ferez des forces de l'animal, & dans la ſagacité avec laquelle vous déciderez du manege, auquel ſon inclination & ſa diſpoſition le portent.

JE termine ce Chapitre par la façon dont on trote un jeune cheval avant de le monter. Mettez-lui un ſimple bridon dans la bouche, ajuſtez-lui un caveçon ſur le nez, à l'anneau duquel vous attacherez une longe d'une longueur raiſonnable. Faites tenir cette longe par un palfrenier, qui, après avoir éloigné de lui le cheval, reſtera immobile dans le centre de la volte ou du cercle que décrira le cheval. Faites ſuivre le cheval par quelqu'un armé d'une chambriére; l'animal en ayant peur ſera obligé d'aller en avant, & de tourner de la longueur de la corde. Le Palfrenier tiendra la longe ferme dans la main, par ce moyen il tirera en dedans la tête du cheval,

cheval, & la croupe ſera conſéquemment hors du cercle.

En travaillant le jeune cheval de cette maniére, ne le preſſez point. Faites-le d'abord cheminer au pas, enſuite déterminez-le au trot. Si vous n'obſervez point cette méthode, il ne débarraſſera pas ſes jambes, il ſera panché d'un côté, & plus ſur une hanche que ſur l'autre; le pied de devant, du dedans la volte, heurtera celui de dehors, & la douleur que le cheval reſſentira, l'obligera de chercher une deffenſe & l'empechera d'obéïr.

Si le cheval refuſe de trotter, la perſonne armée de la chambriére l'animera, en frapant le cheval ou en frapant de la chambriére à terre. S'il galoppe au lieu de trotter, le Palfrenier ſecouëra la longe attachée au caveçon, & le cheval ſe remettra au trot.

Dans cette leçon, on décide bien plus aiſément de la nature, de la force, de l'inclination & de la gentilleſſe du cheval, que des qualités de celui qui eſt monté d'abord; alors il eſt plus facile d'obſerver & de conſidérer tous ſes mouvemens, au lieu que s'il eſt ſous le Cavalier, dans ces prémiers commencemens ſon naturel étant de se révolter, de se tirer de la sujettion, & d'employer toute sa force & toute son industrie pour se deffendre de l'Homme, il est moralement impossible de porter un jugement sur sa disposition & sur son aptitude.

CHAPITRE V.

De l'Arrêt ou du Parer.

LE moyen le plus sûr pour unir & pour assembler les forces d'un cheval, pour lui assurer la bouche, pour lui affermir la tête & les épaules, pour le rendre léger à la main, & capable de toute justesse sur toutes sortes d'airs & de manege, dépend absolument de la perfection & de la délicatesse des arrets.

POUR former ou marquer bien un arret, il faut animer un peu le cheval, & dans le tems que l'on sent qu'il va plus vite qu'à la cadence de son train, aprocher les gras de jambe, ensuite & dans l'instant mettre les épaules en arriere, & tenir la bride toûjours de plus en plus

ferme

ferme, jusques-à-ce que l'arret soit formé, aidant des jambes ou des jarrets pour le faire falquer ou couler sur les hanches.

En diversifiant les tems des arrets, & les endroits où ils se font, le cheval ne s'attachera à autre chose qu'à obéïr soigneusement à la main & aux talons du Cavalier, ce qui est le but qu'on se propose dans tout l'exercice du Manege.

Marquez des arrets très rarement dans les commencemens, & quand vous en faites, arrêtez votre cheval petit à petit fort doucement & non d'un seul tems, parce que rien n'affoiblit plus les jarrets d'un jeune cheval mal adroit.

Tout le monde convient que la plus grande preuve que le cheval puisse donner de ses forces & de son obéissance, est de faire un bel arret ferme & léger à la fin d'une course précipitée. Il est cependant des chevaux de beaucoup de nerf & qui ont les jambes bonnes & fortes, qui parent avec peine, tandis que d'autres qui n'ont pas la même force & la même vigueur s'arrêtent aisément; la raison en est simple. En prémier lieu, la facilité de l'arret dépend de l'aptitude du cheval & du consentement qu'il y apporte; en se-

 cond

cond lieu, il faut considérer sa conformation, & la proportion des différentes parties de son corps; aussi doit on mesurer les arrets à la fougue du cheval, à ses forces, à la fermeté de sa tête & de son encolure, & à la disposition de sa bouche & de ses hanches.

La justesse & la perfection de l'arret, ne peuvent guères se trouver dans un cheval défectueux; des barres trop délicates ou trop dures, une langue épaisse, le canal étroit, la ganache serrée, le col court, l'encolure chargée, le devant trop bas, les reins foibles ou trop durs, trop d'ardeur, trop de froid, trop de paresse; voilà bien des défauts qu'il est difficile de corriger.

Un cheval fort d'épaules, de jambes & de reins, s'il est bas de garot aura beaucoup de peine à se ramener sur les hanches pour bien parer; si au contraire il est relevé d'épaules & d'encolure, il aura la plus grande partie des qualités principales pour former un bel arret.

Un cheval long de corsage, s'arrête communément de mauvaise grace & avec la tête mal assurée. Un cheval court & dont le col est gros, pare ordinairement

sur

ſur le devant. Le prémier, ſent trop de difficulté à raſſembler en ſi peu de tems ſes forces pour ſe remettre ſur les hanches, & le ſecond ne peut les recueillir & les diſtribuer nerveuſement. En effet, un cheval galoppe, la force de ſes reins, de ſes hanches & de ſes jarrets, eſt entiérement employée à pouſſer tout le corps en avant, & celle des épaules & des bras à ſoutenir cette action; or la force de derriere auſſi furieuſement agitée, & étant trop près ſur celle de devant, le cheval court de corſage, ne peut ſur le champ trouver ce contrepoids, cet équilibre de hanches qui caractériſe le bel arret.

LE cheval qui ne peut parer librement, employe fort ſouvent très mal ſes forces en courant; examinez-le, il s'abandonne toûjours abſolument ſur le devant. D'ailleurs conſidérez la proportion de ſon col & de ſa ganache, la diſpoſition de ſes pieds, la ſtructure de ſes reins, ſes jarrets, & enfin, attachez-vous à connoitre ſon tempérament, ſon caractère & ſon humeur.

CELUI dont le col eſt vouté, au lieu de ſe ramener ſur les hanches, s'armera contre la poitrine & formera un arret dur & déplaiſant. Des pieds foibles, des jarrets douloureux lui feront haïr l'arret, il le fuira ou le formera avec timidité, de façon qu'il s'abandonnera totalement sur l'apui. S'il porte au vent & qu'il soit ensellé, il lui sera impossible de se ramener pour bien dresser & pour présenter, s'il m'est permis de parler ainsi, le front à l'arrêt, parce que la force de la nucque & du col dépend de celle de l'échine, & ses forces étant désunies, le cheval parera sur les épaules.

Il est encore des chevaux, qui pour éviter la sujettion du parer sur les hanches, se plantent sur les deux pieds de derriére; rendez la main à l'instant & chassez-les en avant, vous les corrigerez insensiblement de cette deffense, qui n'arrive que dans les cas où vous les parez dans un terrain penchant.

Plusieurs personnes croyant d'unir leurs chevaux en multipliant les arrêts précipitez, s'embarrassent peu si l'animal qu'ils travaillent a trop de foiblesse ou s'il a de la force. Celui qui a de la force ayant souffert de l'échine au prémier arrêt de cette espèce, méditera une deffense au second ou au troisiéme; cette deffense sera de prévenir le Cavalier au moindre mouvement de de sa main, de s'arrèter tout à coup en s'apuyant avec force sur les épaules, & en élevant la croupe, deffaut essentiel & difficile à corriger.

VOUS voyez donc qu'un cheval peut former de mauvais arrets, ou par des deffauts naturels & accidentels dans les parties de son corps, ou par la faute & l'ignorance du Cavalier, ou par les défauts & les mauvaises leçons tout à la fois. Les vrais principes aident la nature & la reforment, mais la mauvaise école occasionne des deffenses presque insurmontables. Il faut donc suivre avec exactitude l'ordre des leçons, qui peuvent conduire le cheval à la perfection du parer, c'est-à-dire, au point de former un arret court, ferme & fait en un seul tems, dans lequel il unisse, ramene & apuye également ses forces sur les hanches & sur les jarrets, élargissant & ancrant, pour ainsi dire, les deux pieds de derriere en terre droit à droit, de façon que l'un ne soit pas plus avancé que l'autre.

ENTREPRENDRE de resoudre un cheval à la justesse de l'arret, avant de l'avoir déterminé à toute main au trot & au galop, & avant de l'avoir mis au point de ne jamais refuser de partir de la main, c'est une grande preuve d'ignorance; car si le cheval étoit ou retif, ou ramingue, ou entier à quelque main, les remédes qui tendent à assurer sa tête, seroient capables de le confirmer dans les uns ou dans les autres de ces défauts.

Le cheval n'a-t-il pas obéï assez diligemment en s'arrêtant? reculez-le; c'est un châtiment propre à le corriger. En s'arrétant tend-t-il le nez, force-t-il la main? tenez la main de la bride ferme & basse, les rênes très égales, ne lui donnez point de liberté, apuyez la main droite sur l'encolure, jusqu'à-ce qu'il aye baissé le nez, & alors rendez tout; c'est le plus sûr moyen de le faire donner dans la main.

Pour contraindre un cheval à parer sur les hanches, rien n'est plus avantageux qu'un terroir un peu penchant. Il est bon d'y exercer les chevaux naturellement trop étendus, abandonnés ou pesants, & dès lors ils deviendront légers du devant. Il faut cependant examiner si la force des pieds, des reins, des épaules & des jambes peuvent y résister, car autrement un cheval seroit bientôt ruiné; tout dépend donc en ce point comme dans tous

tous les autres du jugement & de l'expérience du Cavalier.

EN faisant parer le cheval dans un lieu tel que celui dont je viens de parler, le Cavalier doit apuyer son action & sa force sur les cuisses, & sur les genoux plutôt que sur ses étriers. L'une des leçons des plus violentes qu'on puisse donner au cheval est, de l'arrêter & de le faire reculer contre mont; ainsi dans ces occasions il faut peser le moins que l'on peut sur le devant, & rejetter totalement son corps en arriere.

NOUS avons dit, qu'il est des chevaux qui par la foiblesse des parties de leurs corps, ne parviennent jamais à former un bel & un juste arret; il en est aussi qui s'arrêtent trop court sur les épaules, quoique d'ailleurs naturellement trop relevés & trop légers; ils employent tout à coup toutes leurs forces, soit pour mettre plutôt fin à la douleur que leur cause la violence de l'arret, soit que quelque imperfection de vuë, leur fasse soupçonner qu'on les arrête peut-être près de quelque danger; car presque tous les chevaux borgnes ou aveugles s'arrêtent très facilement. Gardez-vous de les faire reculer, au contraire arrêtez-

arrêtez-les lentement, & en trainant pour les aſſurer, & évitez de les contraindre & de les tenir dans une trop grande ſujettion.

J'AI démontré qu'un arret aiſé, ferme & fait dans les regles, peut beaucoup aider à mettre un cheval ſur les hanches & lui donner cet apui égal, ferme & léger que nous recherchons, parce qu'un bon arret baiſſe le derriere du cheval; j'ai fait voir qu'un arret trop précipité & mal pratiqué hauſſe trop le devant, fait roidir les jarrets & ote plutôt le cheval de deſſus les hanches qu'il ne l'y met; paſſons à préſent à la leçon du reculer.

CHAPITRE VI.

Du Reculer.

L'ACTION du cheval qui recule, eſt d'avoir toûjours une de ſes jambes de derriere ſous le ventre, de pouſſer ſa croupe en arriere, de plier les hanches & de demeurer tantôt ſur l'une & tantôt ſur l'autre; or cette leçon eſt excellente pour allégérir le cheval, pour l'affermir dans la main,

main, pour le rendre capable d'aller en avant, & pour le diſpoſer à ſe mettre enſemble & à ſe bien aſſeoir.

ELLE ne doit être employée, que lorſqu'il a été déterminé au trot & que ſes membres ont été déliés, parce que ce n'eſt qu'alors qu'on peut commencer à chercher à l'unir; mais que l'action du reculer ſoit juſte; qu'en reculant, le cheval aye la tête aſſurée ferme & bien placée, que ſon corps ſoit raſſemblé, pour ainſi dire, ſous lui, que ſes pieds ſoient égaux, qu'il ne ſoit point ſur les épaules, qu'il ſoit au contraire ſur les hanches; car s'il pêche dans l'une de ces poſitions, cette leçon bien loin de l'unir, le confirmera dans la déſunion.

POUR que le cheval puiſſe exécuter ce qu'on lui demande, il faut qu'il comprenne ce que le Cavalier exige de lui, & que le Cavalier lui apprenne peu à peu à l'executer; commencez donc à le reculer dès qu'il ſera en état de vous comprendre, mais contentez-vous d'abord de peu, il ſuffit qu'il entende ce que vous voulez.

IL eſt des chevaux qui reculent non ſeulement avec facilité, mais encore avec union, comme

comme des chevaux faits & dressés. Observez que les parties de leurs corps sont bien symétrisées, ils ont de la force & la nature même les a uni, mais il en est d'autres qui reculent difficilement, ils sont foibles d'échine, ou ils pechent par quelque défaut dans la conformation; n'exigez pas trop de ceux-ci, travaillez-les avec prudence, on ne réüssit jamais en usant avec eux de rigueur.

IL est encore des chevaux ennemis de toute sujettion. Pour peu qu'on veuille les faire reculer, ils se plantent sur les deux pieds de devant & ils s'arment; alors il faut les conduire insensiblement à ce qu'on leur demande. Pour cet effet élevés la main en l'éloignant de votre corps, ébranlez-les, peu à peu vous les accoutumerez à l'obéissance, & souvenez-vous que vous auriez moins de raison que l'animal que vous dressez, si vous desiriez qu'il obéït tout d'un coup. Votre cheval ébranlé laissera peut-être un pied en avant, cette attitude marque, il est vrai, la désunion, & elle est totalement défectueuse, mais votre patience & votre douceur sont les seuls moyens, qui peuvent le conduire à l'exécution de ce que vous lui demandez.

IL

Il en est d'autres qui reculent avec furie & avec impatience, châtiez les vigoureusement, soutenez-les légérement des jambes en reculant. Il en est encore qui bégayent, qui battent à la main, & qui font des efforts pour en sortir & pour la forcer, tenez en ce cas la main extrêmement basse, que vos rênes soient exactement égales, distribuez la force de chacune également en arrondissant votre poignet, & en tenant vos ongles vis à vis de votre corps.

Apres avoir reculé un cheval, portez-le en avant deux ou trois pas, quand il consent librement à l'action de la main; ces trois pas servent à lui faire moins haïr ou à l'empêcher de craindre la sujettion du reculer; s'il force la main en reculant, ces trois pas l'y font rentrer, & enfin ils empêchent que cette leçon du reculer ne se convertisse en quelque vice.

Ces trois pas faits en avant, arrêtez-le & tournez-le, vous le maintiendrez, vous le rendrez plus facile au Manege, vous le détournerez des mauvais desseins & des deffenses, que les prémiers remèdes & les châtimens propres à la justesse de l'arret & au reculer, pourroient lui suggérer. Reculez-le après

après l'avoir tourné, vous lui ôterez le trop grand desir qu'il pourroit avoir de partir trop tôt du lieu de l'arret, & de celui auquel il aura tourné.

AUSSITOT que votre arret est fait, rendez la main; en arrêtant vous avez augmenté la force du point d'apui de la bouche cheval; si vous ne rendez point, vous l'augmenterez encore pour porter le cheval en arriere, & de là la dureté de votre main; ce raisonnement est simple, ce principe est vrai, cependant il est peu d'Hommes de cheval qui s'y conforment, soit qu'ils ne reflechissent point, soit qu'une mauvaise habitude l'emporte,

LA leçon du reculer bien considérée & donnée dans le tems convenable, est donc un moyen sûr & nécessaire pour aprendre au cheval à bien parer, & pour le rendre obéissant & léger, quand il est pesant, ou qu'il s'apuye, ou qu'il tire plus qu'à pleine main; mais si elle est employée mal à propos, si elle est trop répétée, les chevaux s'y accoutument, & l'habitude prise ce n'est plus un châtiment. Ne la continuez-pas à ceux qui sont fougueux & durs de bouche, leur impatience, leur ardeur jointe à l'habitude, les empêempecheroient d'en reconnoitre la cauſe & d'en ſentir les effets. Il en eſt de même de ceux dont l'encolure eſt courte ; car comme ils ſont communément chargés d'épaules, & que la difficulté qu'ils ont de ſe ramener ſur les hanches, les porte à apuyer facilement les branches du mords contre leur poitrine, par ce moyen ils rendroient cette leçon inutile.

CHAPITRE VII.

De l'Enſemble ou de l'Union.

LE but de l'Art qu'un Homme de cheval profeſſe, eſt de donner aux chevaux qu'il entreprend, l'union, ſans laquelle ils ne peuvent paſſer pour être bien mis. Le fond du Manege roule ſur ce point unique, tout le monde en convient ; mais peu de perſonnes agiſſent & raiſonnent théoriquement, la pratique ſeule conduit; on ne travaille par conſéquent qu'avec incertitude, & les tenébres ſont ſi fort épaiſſes, qu'à peine trouveroit-on quelqu'un qui pût définir ce terme d'union & d'enſemble qu'on prononce ſans ceſſe ; j'entreprends donc d'en donner une idée claire & diſtincte, & je vai traiter méthodiquement cette matiére.

L'UNION ou l'enſemble, n'eſt autre choſe que l'action, par laquelle le cheval raſſemble les parties de ſon corps, & ſes forces en les diſtribuant également ſur ſes quatre jambes, & en réüniſſant, pour ainſi dire, ſes membres, comme nous réüniſſons nous-mêmes les notres, lorſque nous nous préparons à un ſaut, ou à quelque action qui demande de la force & de la légéreté. Cette poſition ſeule eſt capable d'affermir la tête de l'animal, & de lui allégérir les épaules & les bras, qui par la ſtructure de ſon corps, gouvernent & ſuportent la plus grande partie de ſon poids ; ainſi étant par ce moyen affermi, & ſa tête étant bien placée, on aperçoit dans chaque mouvement qu'il fait, une correſpondance merveilleuſe des parties avec le tout.

JE dis que par la ſtructure naturelle du corps du cheval, ſes bras & ſes épaules ſuportent la plus grande partie de ſon poids ; en effet ſa croupe ou ſes hanches ne portent, pour ainſi dire, que ſa queuë, tandis

tandis que ses jambes de devant dans une attitude perpendiculaire, sont chargées de la tête, du col & des épaules; ainsi quelque bien fait, quelque bien proportionné qu'il soit, le devant est toûjours plus employé soit dans le travail, soit dans le repos, & conséquemment il faut que l'Art vienne le soulager; & c'est aussi ce que fait l'union ou l'ensemble, puis qu'elle le contrebalance en mettant l'animal sur les hanches.

NON seulement l'union soulage & décharge la partie la plus foible du cheval, mais elle est si nécessaire qu'un cheval désuni ne peut marcher librement; il ne peut sauter & galoper avec légéreté, ni courrir sans un danger évident de tomber & de se précipiter, parce que ses mouvemens n'ont nulle harmonie & nul accord.

J'AVOUE que la nature en formant le cheval, lui a donné un équilibre certain; je sai que l'édifice de son corps est fondé sur ses quatre jambes, & que ses quatre jambes ont un mouvement que suit nécessairement son corps; mais cet équilibre naturel ne suffit point. Tous les hommes marchent, deux jambes les portent; cependant on fait une grande différence de celui à qui la gymnaſtique a donné la ſcience de s'en ſervir, & de celui qui n'a que la démarche groſſiére & naturelle. Il en eſt donc de même du cheval ; il faut que l'Art dénouë la nature engourdie dans lui, ſi l'on veut tirer un parti avantageux des membres qu'elle lui a donnés, & dont il n'eſt que de bons principes & des leçons ſages, qui puiſſent lui déveloper & lui faciliter l'uſage.

LE trot eſt excellent pour conduire le cheval à cette union ſi importante & ſi néceſſaire. Je parle d'un trot ſoutenu & délié, cette action force le cheval à ſe raſſembler ; en effet, le trot ſoutenu participe d'un mouvement vite & violent ; or il contraint le cheval à unir ſes forces, parce qu'il eſt impoſſible qu'en un méme tems raccourci ; le cheval s'allonge & faſſe un mouvement abandonné. Je m'explique.

POUR trotter d'un trot ſoutenu, le Cavalier doit avoir la main de la bride près de lui, tenant le cheval un peu renfermé & les jambes près du corps du cheval. Quel eſt l'effet de la main ? C'eſt de retenir & de relever le devant. Quel eſt l'effet des jambes ? C'eſt de chaſſer le derriere en avant ; or ſi le devant eſt retenu

&

& que le derriere ſoit chaſſé, le cheval dans une action diligente, telle que celle du trot, ne peut que s'aſſeoir & qu'unir conſéquemment & raſſembler ſes forces.

PAR la même raiſon, les peſades, les partirs de main dans le trot, le reculer & l'arret, peuvent encore contribuer à l'enſemble. J'entends par les partirs de main, non ces échapées longues & furieuſes, mais ceux dans leſquels on ne cherche qu'à animer le cheval. Un cheval trotte, preſſez-le; dans le tems qu'il redouble la violence de ſon action, modérez-la & racourciſſez-le, pour ainſi dire; alors plus il ſe déterminoit avec ardeur, plus votre adreſſe à le retenir avec art unira ſes membres, & s'il m'eſt permis de m'exprimer ainſi, l'union naîtra des forces oppoſées, c'eſt-à-dire, de l'ardeur du cheval qui s'échapoit, & de la diligence du Cavalier, qui, en le retenant, rallentiſſoit & relevoit les parties de devant de l'animal, & diſtribuoit également les forces qu'il employoit.

DANS l'action du reculer, on s'oppoſe à ce que le cheval s'abandonne ſur les épaules, on le force à ſe mettre ſur les hanches; cette leçon eſt donc d'autant meilleure, que la cauſe ordinaire de la déſunion eſt la peine que le cheval reſſent à s'aſſeoir.

Les peſades ne font pas un moindre effet, ſurtout pour les chevaux lourds & pareſſeux d'épaules ; parce qu'elles leur apprennent à s'en ſervir & à les lever, & que dès qu'ils lèvent les épaules, il faut que leur poid porte ſur leurs hanches.

Une main douce & légére, des jambes ſavantes, ſont donc capables d'unir un cheval ; mais dans quel tems doit on entreprendre de l'aſſeoir ? Et n'eſt-il pas néceſſaire, avant de tenter de le mettre ſur les hanches, d'aſſouplir parfaitement les épaules ? Il eſt conſtant que le cheval ne peut s'apuyer ſur ſon derriere, qu'autant que le devant eſt allégéri ; voyons donc quels ſont les moyens qu'il faut employer pour lui donner cette ſoupleſſe, ſource unique de l'action libre & légére.

Rien n'aſſouplit d'avantage les épaules du cheval, que de le travailler ſur des cercles larges. Promenez-le au pas ſur la rondeur du cercle pour lui faire reconnoitre ſon terrain, enſuite avec la rêne de dedans & la jambe de dedans, tâchez de lui tirer en dedans la tête & l'épaule de dehors,

dehors. Par exemple, je travaille mon cheval ſur un cercle & je vai à droite. Je tire ſa tête à droit par le moyen de la rêne droite; j'amène ſon épaule de dehors en dedans par le moyen de la rêne gauche, & je ſoutiens en même tems de la jambe de dedans; alors le cheval a la tête, pour ainſi dire, dans le centre, quoique je laiſſe la croupe échapée; la jambe droite chevale la jambe gauche, & l'épaule droite s'aſſouplit, tandis que la gauche ſoutient dans cette action, tout le poids du corps du cheval. En travaillant à gauche & obſervant la même règle, l'épaule gauche s'aſſouplit tandis que l'épaule droite ſe trouve preſſée & n'a plus de liberté.

CETTE leçon qui tend, non ſeulement à aſſouplir les épaules du cheval, mais encore à lui donner de l'apui, étant bien entenduë, je le mene le long d'un mur. Sa tête placée, je me ſers de la rêne de dedans qui le plie, j'ammène l'épaule de dehors en dedans par le moyen de l'autre rêne; dans cette attitude je ſoutiens de la jambe de dedans, & le cheval ſuit ainſi le long de la muraille, la croupe libre & échapée, & le bras de dedans chevalant & croiſant à chaque pas ſur celui de

 dehors.

dehors. Par ce moyen, j'aſſouplis l'encolure, j'aſſouplis les épaules, je travaille les hanches & j'enſeigne au cheval à connoitre les talons. Je dis que je travaille les hanches, quoique la croupe ſoit échapée; parce que ce qui met un cheval ſur les hanches, eſt dans ſes parties de devant. En effet la tête du cheval placée, tirez-la en dedans, vous allongez ſa croupe, vous le rendez plus haut du devant que du derriere, ſes jambes vont ſous le ventre, il plie conſéquemment les hanches; il en eſt de même que lorſqu'il deſcend d'une montagne, ſa croupe eſt plus haute que le devant, elle ſe pouſſe en arriere & le cheval eſt aſſis, puis qu'il eſt viſible que le derriere ſoutient tout le devant; ainſi le long du mur par le moyen de la rêne de dedans, j'unis & je raſſemble le cheval.

VOILA en peu de mots les moyens les plus ſûrs pour parvenir à donner au cheval cette union, cette aiſance par le moyen de laquelle balançant ſon poids également & avec Art, & diſtribuant ſes forces avec méthode, il devient capable d'entreprendre avec grace, & avec juſteſſe

tout

tout ce que le Cavalier peut exiger de lui, proportionnément aux dispositions naturelles qu'il a d'ailleurs.

CHAPITRE VIII.

Des Piliers.

IL en est de la leçon des piliers, comme de toutes celles qu'il est nécessaire de donner au cheval, pour le conduire à la perfection de quelqu'air. Excellente par elle même, elle devient sous les yeux de l'ignorant si pernicieuse, que non seulement elle est capable de rebuter un cheval, mais de le forcer, de le ruiner & de le perdre pour jamais.

LE pilier seul tire en partie son origine de l'école du fameux PIGNATELLI; Mrs. de la BROUE & de PLUVINEL ses élèves, apportérent en France cette méthode; il est vrai que le prémier s'en servit rarement, & qu'il paroit qu'il en a connu tous les dangers & tous les inconvéniens. Quant à l'autre, on peut dire qu'il ne savoit point de voye plus courte pour ajuster un cheval : En effet ſelon lui le cheval autour d'un pilier ſeul, ne pouvoit que ſe mettre ſur les hanches, ſe déterminer, ſe réſoudre & tourner rondement ; & entre les deux piliers, pourvû qu'il fut vigoureux, il obéiſſoit plus promptement aux talons, il s'uniſſoit & prenoit plûtôt le bon apui de la main aux courbettes. Vouloit-il affermir promptement la tête du cheval? les deux piliers étoient d'un grand uſage ; il y attachoit le cheval avec les longes du filet qu'il avoit dans la bouche, au lieu de bride. Là il le faiſoit manier ſans ſelle, & prétendoit que ſon cheval branlant la tête, s'apuyant trop, ou pas aſſez, ſe châtioit lui-méme, de façon qu'il croyoit qu'il étoit contraint de manier ſur les hanches & de prendre le bon apui ; attendu ſurtout la crainte que lui inſpiroit la chambriere, toute prête derriere lui. Le cheval ſortoit enſuite des deux piliers, pour être mis au pilier ſeul, avec une longe attachée au banquet du Mords comme une fauſſe rêne ; on le travailloit en lui faiſant lever le devant & en le chaſſant autour du pilier, dans le deſſein, & dans l'eſpérance de le déterminer à bien embraſſer la volte, de lui procurer

rer la résolution en maniant, & de lui faire perdre & la molleſſe & la lenteur.

Je ne ſai ſi Mr. de PLUVINEL tiroit des avantages bien réels de cette méthode; quoiqu'il en ſoit, elle n'eſt point en uſage parmi nous. J'avoue que nous avons conſervé les deux piliers de ſon invention, & qu'il n'eſt point de Manege en France où l'on ne les trouve; mais du moins avons nous ſuprimé ce pilier ſeul, autour duquel on achevoit d'eſtrapaſſer le cheval, & n'aſſujettiſſons nous l'animal entre les deux piliers qu'après l'avoir aſſoupli, & avoir commencé à lui donner les prémiers principes d'union entre nos deux jarrets, qui ſont les piliers naturels de tout Homme de cheval; alors nous le travaillons doucement & le plus prudemment qu'il eſt poſſible; car l'animal contraint dans cette leçon plus qu'ailleurs, & voyant qu'il ne peut échaper, ni aller en avant & en arriere, devient ſouvent furieux & s'abandonne à tous les mouvemens que la colère lui inſpire.

COMMENCEZ donc ſimplement dans cette leçon, à le faire ranger de côté & d'autre, par le moyen de la gaule, ou par l'apréhenſion de la chambriere. Le cheval obéiſſant & accou-

accoutumé à la ſujettion des piliers au bout de quelques jours, tâchez de le faire donner inſenſiblement dans les cordes, & quand il y donnera ſans peine, eſſayez d'en obtenir quelque tems de paſſage, ou de piaffer. Pour peu qu'il ſe préſente, faites-le ceſſer, flattez-le, & renvoyez-le à l'écurie; augmentez ainſi ſes leçons & examinez les diſpoſitions qu'il fait paroitre, afin de les cultiver.

Le grand danger des piliers eſt de perdre totalement les jarrets du cheval, ſi l'on ne ſait faire la diſtinction de cette partie & de ſes hanches. Pluſieurs perſonnes imaginent que le cheval qui donne dans les cordes, eſt par conſéquent ſur les hanches; mais ils n'obſervent pas que ſouvent il ne fait que plier les jarrets, & que ſes jarrets peinent d'autant plus, que les pieds de derriere ne ſont pas dans leur équilibre.

Les jambes de devant du cheval ſont faites comme les jambes de l'Homme, les genoux ſont en avant ou en dehors; ſes jambes de derriere ſont faites comme nos bras, il plie ſes jarrets en arriere comme nous plions notre coude; ainſi lève-t-il le devant très haut, il étend & roidit ſes jarrets

jarrets, & n'eſt conſéquemment point aſſis. Pour qu'un cheval ſoit ſur les hanches, il faut donc qu'il les plie & qu'il les avance ſous lui, parce que plus les jambes de derriere ſont avancées ſous le ventre, plus les pieds de derriere ſont dans le point de gravité néceſſaire, pour tenir tout le corps qui eſt en l'air, dans un équilibre parfait.

CES obſervations ſuffiſent pour vous prouver les inconvéniens des piliers; ne perdez pas de vuë ces principes, vous verrez auſſi qu'en vous y confirmant, le cheval que vous aurez ainſi ajuſté, vous ſera garant des avantages réels que vous pourrez retirer d'une leçon, qui ne devient pernicieuſe que par l'imprudence, ou l'ignorance de celui qui la donne.

CHAPITRE IX.

Des Aides & des Châtimens.

NOUS appellons aides tout ce qui aide le cheval & tout ce qui lui donne la facilité d'exécuter; nous appellons châtiment tout ce qui le châtie & le punit de n'avoir pas obéï; ainſi les aides préviennent

viennent les fautes & les châtimens les corrigent.

Les aides varient & se donnent différemment selon le besoin. Elles ne servent qu'à accompagner l'aisance & à former la justesse du cheval qui travaille ; elles doivent donc être fines, douces & liantes, proportionnément à son plus ou moins de sensibilité ; car si elles étoient dures & forcées, bien loin de l'aider, elles le jetteroient dans le désordre, ou son Manege seroit faux, peu cadencé, contraint & désagréable.

Les châtimens sont de deux espèces. On punit le cheval en le frapant des éperons, de la gaule & de la chambriere, on le punit en le mettant dans une sujettion plus grande ; mais dans tous les cas, l'Homme de cheval cherche à travailler, plutôt sur son entendement que sur les parties de son corps ; l'animal a de l'imagination, de la mémoire & du jugement ; opérer sur ces trois facultés, c'est toûjours le moyen le plus sûr de réüssir.

En effet, les châtimens qui assujettissent le plus un cheval à l'obéissance, & qui le rebutent le moins, sont ceux où l'on n'use point de rigueur, mais où l'on s'oppose s'oppoſe à ſa volonté, en le contraignant & en lui demandant le contraire de l'action à laquelle il ſe détermine. Le cheval éc[illegible]te-t-il trop? Eſt-il pareſſeux? Faites-le aller de côté tantôt ſur une main tantôt ſur l'autre, & chaſſez-le en avant; reprenez-le alternativement de même. Va-t-il trop en avant, parce qu'il eſt extrêmement fin? Relâchez-vous, tirez-le en arriere quelques pas; ſe porte-t-il en avant avec ardeur, ſans que vous y ayez contribué? Tirez-le fort en arriere; eſt-il inquiet & turbulent? Promenez-le long-tems la tête dedans, la croupe dehors; ces ſortes de châtimens produiſent ſur la plus grande partie des chevaux des effets admirables.

Il eſt vrai qu'il en eſt d'un naturel rebelle, qui ſe prévalant de leur mémoire pour falſifier les leçons, veulent être vigoureuſement châtiés, & ſur l'entendement deſquels ces châtimens mitigés n'auroient aucun empire; mais en uſant de rigueur avec ces ſortes de chevaux, prévoyez-en les ſuites, que vos lumiéres & votre prudence vous guident; le propre d'un Homme de cheval eſt de pratiquer avec deſſein & d'exécuter avec ordre; il doit avoir une ſi grande douceur, tant d'expérience, & tant

tant de sagesse, qu'il n'est pas permis à tout le monde de l'être.

Les éperons sont d'un grand usage menagés par un homme sage & savant ; mais quand on en abuse, rien n'avilit plus un cheval ; donnés à propos ils assujettissent l'animal & le corrigent, donnez à contretems, ils le rendent retif & vicieux, & sont même capables de rebuter le cheval dressé & de le rendre ennemi de l'école. Ne vous pressez donc point de chatier ainsi, soyez patient ; si votre cheval mérite le châtiment, corrigez vivement, mais corrigez rarement ; outre que vous l'endurciriez aux coups, vous l'étonneriez, & vous le revolteriez plutôt que vous ne l'emmeneriez au point où vous le desirez.

Pour bien apuyer des deux, il faut partir de la position réguliere où est votre jambe, & frapper avec une vélocité étonnante en pliant le genoux. Un mauvais coup d'éperon n'est point un châtiment, il endurcit le cheval, il l'oblige à quoüailler & souvent à rendre, au Cavalier avec le pied de derriere, le coup qu'il a senti. Prenez garde aussi de ne pas ouvrir vos cuisses & vos jambes pour apuyer des deux avec plus de force, outre que le le châtiment n'en seroit pas plus rigoureux, c'est que vous perdriez le tems où il faut punir ; que votre mouvement effrayeroit le cheval, plûtôt que le coup ne le corrigeroit, & que dès lors votre action étant dereglée, ne pourroit produire aucun bon effet.

LA chambriere est un châtiment, il doit être aussi bien menagé, je suppose qu'elle n'est que dans les mains des maîtres ; je ne prescrirai donc aucune loi à cet égard. Quant à la gaule, elle sert si rarement à châtier, que je n'en parlerai qu'en expliquant les aides.

PAR ce que je viens de dire des châtimens, vous voyez que l'Homme de cheval travaille, non seulement sur l'entendement de l'animal, mais encore sur sa sensibilité.

LE cheval a trois sens sur lesquels on peut opérer. Le sens du toucher, celui de l'ouïe & celui de la vuë.

LE sens du toucher, est celui par le moyen duquel on parvient à le rendre fin & délicat, & les aides qui frapent ce sens une fois entenduës, il est capable de répondre à tout ce qu'on peut lui demander.

LE sens de la vuë & le sens de l'ouie

ſont bons, mais ſouvent ils ne donnent à l'animal qu'une routine mauvaiſe & dangereuſe.

LES aides qui ont rapport à la ſenſibilité, c'eſt-à-dire, au toucher, ſont les aides des jambes, de la main & de la gaule; celles qui affectent le ſens de la vuë partent de la gaule, celles qui affectent le ſens de la vuë & de l'ouïe partent de la gaule & de la langue.

LA gaule ne doit être ni longue ni courte, de trois à quatre pieds au plus de longueur ou environ; avec une gaule courte on donne des aides de meilleure grace qu'avec une gaule longue. Dans un Manege on s'en ſert pour la montrer toûjours du côté oppoſé à celui où va le cheval, ou bien on la porte haute à tout changement de main; elle fait que le Cavalier accoutumé à la porter dans la main droite, acquiert la liberté de ſe ſervir de l'épée, & de manier ſon cheval ſans qu'elle l'embarraſſe.

POUR aider de la gaule, tenez-la dans votre main, de façon que la pointe ſoit vers la croupe du cheval, c'eſt la maniere la plus commode & la plus aiſée; celle d'aider, non par deſſus l'épaule, mais

mais par dessus le pli du bras, en éloignant le bras gauche du corps & le tenant un peu courbé, de façon que le bout de la gaule tombe sur le milieu de la croupe, est très difficile à exécuter.

FAIRE siffler la gaule en avant & en arriere, est une aide de bonne grace, mais elle chasse trop en avant le cheval, jusqu'à-ce qu'il y soit accoutumé.

LE cheval est-il trop léger du derriere? Aidez pour lors le devant seulement avec la gaule. S'accroupit-il & balotte-t-il sans ruer? Aidez-le sur la place du trousse-queuë. Voulez-vous qu'il fasse des croupades? Frappez-le de la gaule un peu au dessus des jarrets.

POUR aider de la langue, repliez-la contre votre palais, fermez un peu les dents, & détachez-la de votre palais; le bruit qu'elle fera est une aide admirable pour encourager le cheval, pour le mettre ensemble; mais ne l'employez pas continuellement, car elle ne feroit que l'endormir bien loin de l'animer.

IL est des personnes qui en travaillant leurs chevaux, sifflent & se servent de la voix, ce sont des aides ridicules; on doit abandonner le talent du sifflet aux cochers ou aux palfreniers, & ſe perſuader que les cris & les menaces ſont inutiles. Le ſens de l'ouïe quelque affecté qu'il ſoit, ne peut tout au plus conduire un cheval qu'à l'étonnement, & l'étonnement ne donne ni fineſſe ni ſenſibilité.

Il en eſt de même du ſens de la vuë; frappez ce ſens, vous frappez la mémoire, & ſouvent vous réüſſiſſez mal, car vous devez être convaincu de l'importance qu'il y a, de varier l'ordre des leçons & le lieu où vous les donnez; il eſt en effet certain que le cheval accoutumé à travailler à la même place, execute par routine, & n'eſt plus attentif à la main & aux talons. Il eſt même des chevaux colères, dont la mémoire eſt ſi délicate & qui ſont ſi fort ſujets à ſe détourner, que le moindre objet qui ſe préſente devant eux durant la leçon, ils ne ſongent nullement à ce qu'on veut leur apprendre; on peut les travailler avec des lunettes, mais obſervez que cette méthode ſeroit dangereuſe pour ceux qui ſont ſi impatiens, ſi plein de feu, ſi ennemis de l'obéiſſance, & ſi ſenſibles, qu'ils ſe déſeſpèrent de façon à ſe précipiter, parce qu'ils ne ſeroient pas plus aveugles avec les lunettes, que lorſque la fureur

reur les saisit, & qu'elle leur fascine les yeux au point qu'ils ne craignent plus aucun danger quelqu'évident qu'il soit.

APRES avoir parlé des aides qui opèrent, & sur les sens de l'ouïe & du toucher, & sur celui de la vuë, il faut en venir à celles qui opèrent uniquement sur celui du toucher, car, comme je l'ai observé, ce sont les seules qui mettent parfaitement le cheval, parce qu'il n'est que la main & les talons qui peuvent l'ajuster ainsi.

LES jambes du Cavalier près du corps du cheval, servent non seulement à embellir son assiette, mais ce n'èst que par le moyen de cette position, que les aides qu'il donne peuvent être justes. Je m'explique. Le mouvement de la jambe part-il de loin? C'est plûtôt un châtiment qu'une aide, il met le cheval dans l'incertitude & dans l'effroi; au contraire la jambe est-elle près de la partie sensible? Le cheval peut en être aidé, averti & châtié en moins de tems, & par conséquent il est maintenu dans une plus juste obéissance.

LES jambes nous fournissent quatre sortes d'aides. L'aide des jarrets, celle des gras de jambes, celle du pincer & celle de de l'apui ferme ſur les étriers. L'eſſentiel pour ajuſter & mettre un cheval, eſt de lui faire connoitre la gradation de ces aides différentes que je vais vous expliquer.

L'AIDE des jarrets ſe donne en ſerrant de maniere, que vous ſentiez que vos genoux preſſent extrêmement le cheval.

L'AIDE des gras de jambes ſe donne en pliant les genoux, de façon que les gras de jambes aprochent & touchent le corps du cheval.

CELLE du pincer ſe donne de même en pliant les genoux & en aprochant l'éperon dans le poil, mais ſans fraper.

ENFIN la derniére aide, qui n'eſt propre que pour les chevaux parfaitement ſenſibles, eſt de s'étendre ferme ſur les étriers.

L'AIDE du pincer eſt la plus forte, celle des gras de jambes vient enſuite, celle des jarrets occupe la troiſiéme place, & enfin celle de la tenſion ſur les étriers eſt la plus douce, mais toutes ces aides employées mal à propos deviennent inutiles. Ils faut les accorder avec la main, car c'eſt dans l'accord de la main & des talons que conſiſte le fin de l'art. Sans cet

cet accord, en effet, il n'eſt point d'Homme de cheval; il forme la juſteſſe, la cadence, la meſure, l'harmonie de tous les airs; il eſt le principe de la fineſſe du brillant & du martelé du Manege; & comme celui qui joüe parfaitement d'un inſtrument, accorde parfaitement ſes deux mains, de même celui qui travaille un cheval, doit être ſûr de l'accord parfait de ſa main & de ſes jambes; je dis de l'accord parfait de ſa main & de ſes jambes, car les effets les plus ſubtils de la bride procedent de cet accord, & quelque doué que ſoit un homme d'un tact fin & délicat, ſi les tems de ſes jambes ſont imparfaits, il ne peut avoir la main bonne, parce qu'il eſt conſtant que la fermeté & le tempérament de la main, nait non ſeulement de l'aſſiette aſſurée du Cavalier, mais encore de la proportion & de l'harmonie de toutes les aides reünies.

J'ENTENDS par l'accord & l'harmonie des aides, ce tems ſaiſi également & proportionnément, cette action meſurée de la main & des jambes, par laquelle ces deux parties enſemble déterminent & font entendre, pour ainſi dire, ces nombres & ces égalités dont les plus beaux airs ſont composés, nombres & égalités que tout homme de cheval doit comprendre, observer & sentir, mais qu'il n'est pas possible d'exprimer.

JE veux porter mon cheval en avant, je rends la main & j'aproche en même tems mes jambes; ma main cessant de retenir & mes jambes chassant le derriere, mon cheval obéït. Je veux arrêter mon cheval, je le renferme & j'aproche moëlleusement mes jambes, pour proportionner cette aide à ce que je demande au cheval, car je ne la rends sensible qu'autant qu'il le faut pour le parer sur les hanches.

JE veux le tourner à gauche, je porte la main à gauche & je soutiens, c'est-à-dire, j'aproche ma jambe gauche, ma main détermine le cheval de ce côté, & ma jambe qui agit en même tems, lui donne la facilité de tourner, parce qu'en chassant la croupe à droite, l'épaule tourne à gauche bien plus aisément. Je veux le tourner à droite, je porte ma main à droite & je soutiens de ma jambe droite, l'action de ma jambe portant la croupe à gauche, facilite l'action de l'épaule que ma main a déterminé à droite.

JE veux changer de main à droite, ma

rêne

rêne gauche détermine le cheval, & ma jambe gauche agit en même tems & maintient la croupe, de façon qu'elle ne peut échaper. Je veux changer de main à gauche, ma rêne droite détermine, & ma jambe droite fait le même effet que ma jambe gauche à main droite.

J'ENTREPRENDS de travailler à la fois & les épaules & la croupe, alors je porte ma main en dehors. La rêne de dedans agit, & la jambe de dehors du cheval est pressée, soit par cette rêne, soit par ma jambe de dehors, de façon que la rêne de dehors travaille les épaules, & que la rêne de dedans avec ma jambe de dehors font aller la croupe.

JE mène un cheval à courbettes, j'aide avec la rêne de dehors, & si le cheval n'est pas assez sur les hanches, mes jambes accompagnées de la rêne de dedans, m'aident à l'asseoir d'avantage; sa croupe sort-elle dehors? J'aide & je soutiens de la jambe de dehors; la met-il trop en dedans? Je soutiens de la jambe de dedans.

MENE-je le cheval de côté à courbettes? Ma rêne de dehors ammène l'épaule de dehors en dedans, parce que l'épaule de dehors en dedans, met la croupe en

 liberté;

liberté ; mais ſelon le beſoin j'uſe de la rêne de dedans, & ſi le cheval n'eſt pas aſſez ſujet de la croupe, je ſoutiens de la jambe de dehors.

Le travaille-je enfin aux courbettes en arriere ? Je me ſers de la rêne de dehors, ma main eſt près de mon corps, chaque cadence que le cheval fait, je lui fais ſentir un tems, & chaque tems qu'il tombe, je le reçois, pour ainſi dire, dans ma main, mais ces tems ſont tout au plus de l'épaiſſeur d'un doigt, & je me relâche des jambes, que j'aproche cependant à chaque levée imperceptiblement ; c'eſt ainſi qu'accordant ma main & mes jambes, je parviens non ſeulement à travailler un cheval juſte, mais encore à le mettre à tous les airs, dont je parlerai dans la ſuite plus au long & plus en détail.

Du reſte ſouvenez-vous, que ce n'eſt pas aſſez de ſavoir unir ſes aides, & les proportionner ainſi que les châtimens, au mouvement & à la faute que le cheval fait ; il faut toujours en les mettant en uſage, examiner s'ils ſe raportent au naturel du cheval, autrement ils deviendroient inutiles & cauſeroient même des déſordres.

CHA-

CHAPITRE X.

Du Passage.

LE passage est la clef des plus grandes justesses, & le seul moyen d'ajuster les chevaux à toutes sortes d'airs, parce que dans cette action on les travaille doucement, & qu'on leur enseigne insensiblement & sans se mettre au risque de les gendarmer, toute la science de la main & des talons.

IL y a plusieurs sortes de Passage. Dans celui dont le trot est le fondement, l'action des jambes du cheval est la même qu'au trot; le Passage n'est caractérisé que par l'union extrême du cheval, & par le tems soutenu de ses jambes en l'air, qu'il lève toutes les deux à une égale hauteur, son action n'étant pas si diligente, ni si violente que le trot qui en est le principe.

DANS le Passage qui nait du pas, l'action du cheval est la même qu'au trot & conséquemment qu'au pas, mais le cheval alors lève beaucoup plus la jambe de devant que celle

celle de derriere, il laisse un intervalle assez long d'un mouvement à l'autre, son action étant plus raccourcie, plus écoutée que le pas ordinaire, moins étenduë que le trot, de façon qu'elle est, pour ainsi dire, soutenuë sous lui.

ENFIN il y a une autre maniere de Passage qui nait aussi du trot, & dans lequel le mouvement du cheval est si vif, si soutenu & si diligent, qu'il semble fait de ferme à ferme. Les Espagnols appellent les chevaux qui se donnent à ce passage, des *Pissadores*. Ces sortes de chevaux ne relèvent pas leur action si fort que les autres, parce que leur mouvement est trop précipité; mais presque tous ceux qui ont des dispositions à Passager ainsi, sont doués de beaucoup d'agilité & de gentillesse.

ON ne doit mettre un cheval à la leçon du Passage qu'après l'avoir déterminé, dénoué, & qu'après avoir commencé à l'unir. S'il n'étoit pas déterminé, l'action du passage étant raccourcie, vous courriez risque de le rendre retif ou ramingue, & s'il n'avoit pas eu quelques principes d'union, le Passage exigeant un grand ensemble, le cheval ne pourroit pas le tolérer, de façon que la sujettion & l'impuissance où où il seroit de vous obéïr, l'obligeroit à se deffendre.

Il est des personnes qui voyant un cheval qui a de la force, de l'agilité, & qui se rassemble naturellement, cherchent d'abord à lui arracher quelque tems de Passage. Ils réussissent, & dès lors ils croyent pouvoir Passager le cheval, & le presser à cette leçon sans l'avoir dénoué & déterminé; de là les désordres dans lesquels ils précipitent l'animal, qui n'auroit jamais eu le moindre vice, s'il eut été bien commencé.

On doit de plus examiner la nature du cheval, vous la connoitrez dès la prémiére fois que vous le verrez Passager, car quelqu'obéïssant qu'il soit, son mouvement seul vous instruira de son inclination & de son panchant. Si le cheval tient du ramingue il Passagera bien rassemblé, mais son action sera trop écoutée & trop retenuë, & il ne se portera en avant qu'autant que le Cavalier l'y déterminera. S'il est léger, sensible & de bonne volonté, son mouvement sera libre & diligent, vous appercevrez qu'il prend lui-même plaisir à travailler sans aucune aide. S'il a trop d'ardeur son mouvement sera prompt, mais colère.

colère. S'il peche pour ne pas vouloir, il ſe traverſera, il travaillera avec inquiétude. S'il a de l'ardeur & qu'il ſoit peſant, ſon action ſera ſur la main. Si outre cela il a peu de force, il s'abandonnera totalement ſur l'apui; ſi enfin il eſt froid & pareſſeux, ſon mouvement ſera lent & tardif, & quand même on ſeroit parvenu à l'animer par les bonnes leçons, vous démêlerez toûjours ſon caractère & ſon naturel, par les aides que le Cavalier ſera contraint de donner de tems en tems, pour l'empecher de perdre la cadence du Paſſage.

LA connoiſſance de la nature du cheval une fois bien acquiſe, elle doit règler vos leçons & guider vos démarches. Si le grand enſemble nuit à un cheval qui tient du ramingue, uniſſez-le peu à peu, & inſenſiblement; ainſi bien loin de le renfermer tout d'un coup au Paſſage ſoutenu & raccourci, étendez-le dans cette action, tantôt venez du Paſſage naiſſant du pas, à celui qui nait du trot, & de celui qui nait du trot, venez à celui qui nait du pas.

VOTRE cheval a de l'ardeur, il ſe traverſe, tenez-le moins ſujet, relâchez-vous,

vous, apaiſez-le, ne le retenez que pour le rendre plus tranquille. Il a non ſeulement de l'ardeur, mais il eſt peſant à la main, travaillez-le à un pas encore moins étendu que le Paſſage, & tâchez de le mettre inſenſiblement & par gradation ſur les hanches; c'eſt ainſi que vous le conduirez avec art, à une action d'autant plus eſſentielle, qu'elle ſeule apprend à connoitre au cheval, & la main & les jambes, ſans, comme je l'ai déja obſervé, le précipiter dans le déſordre.

CHAPITRE XI.

De la Tête & de la Croupe au Mur.

LA leçon de la tête & de la croupe au mur, eſt une leçon admirable pour apprendre au cheval à demeurer dans l'obéiſſance. En effet, dans cette action, il eſt comme balancé entre les deux talons, & travailler la croupe le long d'une muraille au paſſage, eſt, non ſeulement le moyen d'achever de lui aſſouplir les épaules,

les, mais encore de lui enſeigner à connoitre les talons.

POUR cet effet, après avoir bien ouvert votre coin, tournez ſur le champ la main, & portez-là en dedans pour déterminer votre cheval avec la rêne de dehors, que votre jambe de dehors maintienne toûjours la croupe vis-à-vis & à deux pieds du mur, pliez votre cheval, & tirez l'épaule de dedans en arriere avec la rêne de dedans, parce que la jambe de dehors étant portée plus aiſément ſur la jambe de dedans par le moyen de la rêne de dehors, le cheval croiſera & chevalera, les épaules précèderont la croupe, vous étrecirez le derriere, & vous le mettrez conſéquemment ſur les hanches.

PRENEZ garde en même tems, que votre cheval n'abandonne ſa ligne, ſoit en avançant, ſoit en reculant. S'il ſe portoit en avant, ſoutenez-le de la main, & s'il ſe portoit en arriere, ſoutenez-le des jambes, mettant toûjours plus de force dans celle qui chaſſe, que dans celle qui fuit, c'eſt-à-dire, dans celle de dehors que dans celle de dedans.

LA leçon de la tête à la muraille, eſt excellente pour corriger le cheval qui tire ou ou qui pèse à la main, parce qu'elle le contraint de se rassembler & de s'allégérir avec moins d'aide de la bride; mais elle ne doit jamais s'apliquer au cheval retif ou ramingue, car les leçons étroites le confirment dans son vice naturel.

METTEZ votre cheval à deux pas & face à face de la muraille. Faites-le cheminer de côté, ainsi que je l'ai dit, en parlant de la croupe au mur; mais de peur qu'il ne marche d'un pied sur l'autre, ou qu'il ne se heurte les bras, laissez-le dans les commencemens à l'une & à l'autre de ces leçons, la croupe plus sur le côté contraire que les épaules, & ne la contraignez-pas d'abord, parce qu'il regardera plus aisément son chemin, & qu'il aura plus de facilité de hausser l'épaule & les bras qui doivent chevaler. Peu à peu vous assujettirez les hanches, & le cheval s'assouplira également du devant & du derriere, en devenant en même tems plus léger à la main. N'oubliez-pas que votre cheval doit toûjours être plié; pour y parvenir avec facilité, déterminez-le avec la rêne de dehors, car souvent la roideur du col ou de la tête, procède seulement du mouvement retenu de l'épaule de dehors,

hors, étant indubitable que l'aiſance, ou la difficulté de l'une de ces parties, dépend totalement de l'autre.

VOTRE cheval étant de côté, portez de tems en tems la main un peu en dehors, la rêne de dedans s'acourcit & fait regarder le cheval en dedans. De plus elle l'élargit du devant, en éloignant ſa jambe de dedans de devant, de celle de dehors de devant, ce qui par conſéquent aprochant ſa jambe de derriere de dedans, de celle de derriere de dehors, rétrecit le derriere, fait plier les hanches, ſurtout celle de dehors ſur laquelle il s'apuye, & le tient dans le parfait équilibre.

NE mettez votre cheval la tête ou la croupe au mur, qu'après l'avoir travaillé long-tems ſur de grands cercles la tête dans le centre, la croupe dehors, ou le long du mur la tête en dedans, la croupe échapée; autrement vous courriez riſque de jetter votre cheval dans le déſordre. La plûpart des deffenſes viennent des épaules ou des hanches, c'eſt-à-dire, du derriere ou du devant, & dès lors il déſobéit à la main ou aux talons. Le défaut de ſoupleſſe empêche donc le cheval d'exécuter, comment voudriez-vous en effet, qu'avec une

une roideur extrême dans les épaules, dans les côtes & dans les hanches, il répondit & obéït, surtout si sans considérer que le fondement de tout est de l'assouplir, vous le pressez, & vous lui donnez des leçons au dessus de sa capacité & de sa force?

CHAPITRE XII.

Des changemens de main larges & étroits. Des Voltes & des demi Voltes.

ON appelle changement de main, l'action par laquelle le Cavalier détermine, & fait passer son cheval de droit à gauche & de gauche à droit, pour le travailler également à l'une & à l'autre de ces mains; ainsi, changer de main quand on est à main droite, c'est aller à main gauche; & changer de main quand on est à main gauche, c'est aller à main droite.

LES changemens de main sont, ou d'une piste, ou de deux pistes, ou larges, ou étroits.

Le changement de main d'une piste, est celui dans lequel le cheval va sur une même ligne.

Le changement de main de deux pistes, est celui dans lequel les hanches suivent & accompagnent les épaules; & dans ce changement de main, les pieds du cheval décrivent conséquemment deux lignes, l'une avec les pieds de devant, l'autre avec les pieds de derriere.

Le changement de main large, est celui dans lequel la ligne de la piste, ou les deux lignes des deux pistes, traversent diagonalement tout le Manege.

Le changement de main étroit, est celui dans lequel la ligne ou les deux lignes n'embrassent qu'une portion du terrain.

On appelle généralement volte tout ce qui forme & décrit un cercle. Les voltes de deux pistes en décrivent deux, l'un formé par les pieds de devant, l'autre formé par les pieds de derriere.

Si le cercle forme une volte, le demi cercle forme par conséquent une demi volte. Ces demi voltes & ces quarts de volte, se font aussi de deux pistes ainsi que la volte. Une demi volte de deux pistes, n'est donc autre chose que deux demi cercles,

cercles, l'un, décrit par les pieds de devant, & l'autre, décrit par les pieds de derriere; il en est de même du quart de volte.

Un cheval travaille & manie à toutes sortes d'airs sur les voltes, demi voltes, & en changeant de main large & étroit ; mais comme les regles qui s'observent, & que l'on doit suivre sur les cercles de deux pistes, & aux changemens de main au Passage, sont des regles générales, je me contenterai de les expliquer dans ce Chapitre, sauf à en marquer les exceptions en traittant dans la suite des différens airs, & des différens maneges pratiqués sur les voltes.

Trois choses sont aussi essentielles que difficiles dans les changemens de main, lorsqu'on veut les exécuter avec justesse ; la façon de les entamer, de les continuer & de les fermer.

Je suppose que vous entrez dans un Manege, vous promenez votre cheval, vous le pliez proprement, & vous parvenez au lieu où vous pouvez le changer de main large. Pour cet effet, formez d'abord un demi arret ; n'abandonnez-point la rêne qui plie, l'autre rêne, c'est-à-dire, la rêne de dehors, eſt celle dont vous devez vous ſervir pour déterminer le cheval, mais proportionnez la force que vous mettrez dans l'une & dans l'autre. Puiſque la rêne de dehors doit déterminer le cheval, faites-la agir, ſon effet ſera d'ammener l'épaule de dehors en dedans : ſi elle ammene l'épaule de dehors en dedans, elle détermine le cheval du côté où vous voulez aller, & elle arrête & fixe en même tems la croupe. Ce n'eſt pas tout ; au même inſtant que votre main agit, ſoutenez de la jambe de dehors ; votre main a déterminé l'épaule & fixé la croupe, la jambe doit achever de l'aſſurer, car ſi votre jambe n'aidoit point, la croupe ſortiroit, ſeroit perduë, & le cheval ne travailleroit plus que d'une piſte. Vous voyez combien il faut être actif, fin & ſubtil, pour aider avec juſteſſe dans les prémiers pas du changement de main, & pour l'entamer avec préciſion, puiſqu'il faut que les tems de votre main & de votre jambe ſoient ſi près l'un de l'autre, qu'ils ſoient imperceptibles.

J'AI dit qu'il ne falloit point abandonner la rêne qui plie, en voici la raiſon. Tout cheval qui change de main doit regarder du côté où il va ; ce pli,

cette

cette attitude lui donne beaucoup plus de grace & de facilité dans son manege ; or, si avant d'entreprendre votre changement de main, il est déja plié, pourquoi abandonneriez-vous la rêne qui plie? Ce seroit augmenter la difficulté, puisque vous vous mettriez dans le cas de chercher d'un côté le point d'apui, qui doit resulter de la tension de la rêne de dedans, qui sert à plier, & le point d'apui qui doit resulter de la tension de la rêne de dehors qui détermine.

LA rêne de dehors à ammené l'épaule de dehors en dedans, votre jambe de dehors a accompagné l'action de votre main, voilà donc votre changement de main entamé.

L'EPAULE & le bras de dehors, n'ont pû être portés en dedans sans passer, & croiser sur l'épaule & le bras de dedans ; c'est ce que nous appellons chevaler, & c'est le mouvement continuel, que doit faire la jambe de dehors dans tout le cours du changement de main. Pour parvenir à l'exécution parfaite de ce tems, vous devez nécessairement sentir quels sont les pieds qui sont en l'air, & quels sont ceux qui sont à terre. La jambe de dedans eſt elle en l'air, & le cheval eſt-il prêt à la mettre à terre ? Soutenez la main, portez-la en dedans imperceptiblement, votre cheval ſera contraint d'avancer l'épaule & le bras de dehors, il croiſera & chevalera malgré lui par ce moyen.

Il ne ſuffit pas que le cheval croiſe, il faut encore qu'il avance à chaque tems, puiſque ſes pieds dans le changement de main large, doivent décrire deux lignes diagonales ; il eſt donc important, qu'il ſoit dans le reſpect pour la jambe de dedans comme pour la jambe de dehors, car ce ſont les jambes qui le portent en avant. Il eſt vrai que vous devez d'abord tenter de le porter en avant, en portant votre corps en arriere & en rendant la main ; mais s'il n'obéït point à cette aide, il faut employer les gras de jambes, l'aidant à droit, plus de la jambe gauche que de la droite, & à gauche, plus de la jambe droite que de la gauche. D'ailleurs ce reſpect égal pour les deux talons eſt ſi néceſſaire, qu'il ſeroit impoſſible que le cheval travaillat juſte, s'il n'étoit balancé entre les deux jambes, & ce n'eſt que cette grande obéiſſance, qui fait la préciſion du changement de main, parce que ſans

ſans la connoiſſance de la main & des jambes, comment obéïroit-il aux mouvemens du Cavalier?

POUR fermer juſte un changement de main, il faut que les quatre jambes arrivent en même tems ſur la ligne droite & d'une piſte; ainſi un changement de main juſtement fourni & de même cadence, eſt celui qui non ſeulement eſt commencé, comme je l'ai dit, mais qui eſt terminé par la proportion qui fait que la croupe du cheval accòmpagne juſques à la fin le mouvement des épaules.

VOUS le fermerez ainſi, ſi vous obſervez toutes les regles dont je viens de vous inſtruire.

LA plupart des chevaux, au lieu de le terminer avec cette préciſion, ſe courbent, s'entablent & ſe jettent avec impatience pour reprendre la ligne droite; le moyen de les corriger eſt, de leur faire faire une demi volte de deux piſtes, au même endroit où ils ont voulu terminer le changement de main; par exemple, ſi en changeant de main à droit, ils veulent reprendre promptement la ligne droite, & d'une piſte ſans avoir fermé juſte le changement de main, demandez-leur une demi volte à gauche, que vous leur ferez arrondir tant du devant que du derriere.

Un point essentiel & auquel on fait peu d'attention, est, celui de faire reprendre le cheval après le changement de main fermé. Pour le faire reprendre, il faut porter la main du côté où vous venez de fermer, & l'y porter insensiblement; ensuite dequoi vous pouvez plier aisément le cheval sur le côté de dedans, je vais vous expliquer la nécessité de ce mouvement.

Il est certain que le cheval ne peut, & ne doit au Passage, lever ensemble un pied de devant & un pied de derriere du même côté. Lorsqu'il a entamé son changement de main, & lorsqu'il l'a fermé, l'épaule & le bras de dehors chevaloient, & croisoient sur l'épaule & sur le bras de dedans; ce mouvement étoit conséquemment soutenu de la hanche de dehors, car le pied de derriere du dedans étoit en l'air, or si à la fin du changement de main, & dans l'instant que vous arrivez sur la ligne d'une piste, si par exemple, en fermant un changement de main à droit, le mouvement du cheval est soutenu par la hanche gauche, comment pourriez-vous plier

plier ce cheval à gauche? Ce ſeroit vouloir lui faire lever au même tems les deux jambes du même côté, & entreprendre une choſe impoſſible. Parvenu ſur la ligne d'une piſte, portez donc la main au mur; ce port de main fera changer de pied au cheval, dont l'action ſera pour lors ſoutenuë ſur la hanche droite, & il ſe pliera très librement.

POUR que le cheval faſſe une volte parfaite, il la doit fournir juſte de tête & de col, & bien égal des hanches & des épaules. Les principes pour les changemens de main ſont les mêmes. Quand je dis que le cheval doit être bien égal des hanches & des épaules, je ne prétends pas qu'il faille que les pieds de devant n'embraſſent pas plus de terrain que les pieds de derriere, je ſais qu'il eſt de toute néceſſité, que les épaules précedent la moitié des hanches, mais je veux que les hanches ſuivent & accompagnent parfaitement l'action des épaules, car c'eſt de leur accord, & de l'harmonie des jambes de devant & de derriere, que dépend la préciſion de la volte. Je compare les quatre jambes du cheval, à quatre cordes d'un inſtrument; ſi ces quatre cordes ne ſont

point

point accordées, il eſt impoſſible qu'on jouë juſte de l'inſtrument; de même ſi les jambes du cheval pechent du côté de l'accord, & s'il n'a point contracté une grande habitude pour les mouvemens qu'il doit faire, le Cavalier le plus habile ne ſauroit l'en faire acquitter ni juſtement, ni agréablement ſoit en rond, ſoit par le droit.

PASSAGEZ-vous un cheval ſur les voltes? Il doit faire autant de mouvemens & de pas avec les pieds de derriere, qu'avec ceux de devant; ſi la place, la rondeur qu'ils décrivent eſt plus petite, ces pas doivent être auſſi plus petits. Je ſuppoſe donc que le cercle décrit par les pieds de devant eſt plus grand, il faut par conſéquent que l'action de l'épaule, hors la volte, ſoit libre & fort avancée; afin que le bras paſſe & croiſe dans tous ces mouvemens devant & deſſus celui de dedans, pour embraſſer plus aiſément le terrain, ſans falſifier cependant la ligne circulaire, & ſans déranger les pieds de derriere, qui doivent auſſi marcher en poſant à chaque pas celui de dehors devant celui de dedans, non pas ſi croiſés que ceux de devant, parce qu'ils ont beaucoup moins de chemin à faire & à tracer.

JE demande que ſur les voltes de deux piſtes, le cheval faſſe autant de pas avec les pieds de derriere qu'avec ceux de devant, parce que tout cheval qui veut s'entabler ou étrecir la vraye piſte ou la rondeur de la volte, arrête ordinairement les pieds de derriere en une même place, & fait ſans les bouger un ou deux pas, avec ceux de devant en dérobant le terrain ; il en eſt de même de celui qui s'accule à la fin d'un changement de main, & qui jettant la croupe en dehors, gagne le mur avec le devant, & ne ferme pas juſte le changement de main.

JE demande encore que le bras de dehors chevale facilement à chaque pas ſur celui de dedans, parce que c'eſt un moyen ſûr d'empecher un cheval trop ſenſible ou ramingue, de devenir entier, ou de ſe plier, ou de ſe coucher dans la volte ; vices qui naiſſent de la trop grande ſujettion des pieds de derriere ou des hanches.

IL eſt des chevaux qui ont la croupe ſi légére & ſi fauſſe, que dès qu'ils ont fait les prémiers pas de la volte, ils ſe panchent en élargiſſant les jambes de derriere & les jettant en dehors, aidez alors de la jambe de dehors, portez la main de de la bride du même côté & non en dedans; car c'est au moyen de la rêne de dedans, & de la jambe de dehors, que vous parviendrez à faire rentrer la croupe sur la piste qu'elle doit tenir, & à la redresser ainsi qu'elle doit l'être.

S'IL arrive souvent que le cheval dévuide, & qu'il jette sa croupe en dehors, portez-le en avant, faites-le marcher quatre pas par le droit dans un apui assez ferme & dans une cadence assez retenuë, & donnez ensuite les aides dont je viens de vous parler. Cette leçon peut-être également utile dans le cas où le cheval porte naturellement les hanches trop dedans la volte, & dans celui où il est entier, ou en danger de le devenir; mais que les aides soient faites alors du côté où il se serrera, afin de l'élargir de derriere & de chasser en même tems la croupe en dehors.

SOUVENEZ-vous au surplus, que tous les moyens qui tirent la tête du cheval d'un côté, sont propres en même tems à lui chasser la croupe de l'autre.

QUAND le cheval dévuide de la main, sa désobéissance peut provenir, ou de ce qu'il n'obéït pas à la main, ou peut-être de de ce qu'il ne fuit pas les talons. Si vous voulez uſer d'un autre remède pour lui oter ce défaut, tenez-le bas du devant, c'eſt-à-dire, ayez la main de la bride très baſſe, & en le portant en avant de deux piſtes, aidez-le ferme des gras de jambe, comme celle de dehors tient la croupe en dedans, la jambe de dedans du Cavalier aidée de celle de dehors le porte en avant.

LORSQUE le cheval reſiſte au talon & que ſa croupe eſt en dehors malgré cette aide, ſervez-vous de la rêne de dedans, en portant la main en dehors les ongles en haut, la croupe ſera inconteſtablement preſſée; faites-en de même ſi le cheval porte la tête hors la volte en Paſſageant, vous lui mettrez le nez dedans; mais dans l'un & dans l'autre de ces cas, après avoir porté la main en dehors, replacez-la pour faire agir la rêne de dehors, qui donne liberté aux jambes de dehors, de croiſer par deſſus les jambes de dedans.

SI le cheval ſe traverſe ſur le talon droit, menez-le de ce côté avec le talon gauche; s'il veut aller de côté ſur le gauche, faites-le aller de côté ſur le droit; s'il s'il jette ſa croupe dehors, mettez-la doucement dedans ; enfin ſi tout-à-coup il la met dedans, faites-la aller doucement dehors, qu'il prenne en un mot & qu'il gagne la facilité par l'habitude des leçons reglées.

De tous les différens principes que je viens de vous déveloper, & que vous pouvez apliquer aux changemens de main étroits, aux changemens de main ſur les voltes, ainſi qu'aux demi voltes, il réſultera ſi vous les pratiqués à propos, une obéiſſance exacte de la part du cheval, qui dès lors ſe dépouillera, pour ainſi dire, de ſa propre inclination, & ſera contraint de ſe conformer à votre volonté, que votre main, & vos jambes lui feront connoitre.

CHAPITRE XIII.

Des Aides du Corps.

La Perfection de toutes les aides conſiſte, ainſi que je l'ai prouvé juſquesici, dans leur harmonie & dans leur accord, car ſans cette harmonie & ſans cet accord, elles

elles ne produisent aucun effet, puisque le cheval ne peut dès lors observer l'égalité, la précision, & la mesure inséparable d'un air nettement soutenu.

Ce principe posé, il s'agit de démontrer évidemment, que les aides du corps contribuent, & peuvent même seules conduire géométriquement à l'union des aides de la main & des jambes; & dès lors on sera forcé de conclurre, qu'elles sont préférables à toutes les autres.

La justesse des aides du corps, dépend de l'assiette du Cavalier. Jusques-à-ce qu'il aye senti & pris le fond de la selle, il ne doit pas esperer de pouvoir manier un cheval, parce qu'outre qu'il lui est impossible d'en sentir les mouvemens, il n'a point cet équilibre & cette fermeté, qui caracterise l'Homme de cheval; j'entends par équilibre, cet à plomb sur la fourchure que rien ne peut déranger; & par fermeté, cette tenuë qui ne demande aucune force, & qui n'est fondée que sur l'équilibre même.

Il n'est que la pratique & le travail, qui puissent donner cet équilibre, & par conséquent cette tenuë. Dans les commencemens la crainte de l'écolier, & la contrainte dans laquelle ſont les parties de ſon corps, le portent à ſerrer les cuiſſes & les jarrets; il croit avoir par là une aſſiette plus aſſurée, mais les efforts qu'il fait pour réſiſter aux mouvemens du cheval, roidiſſent ſon corps & l'élevent au deſſus du ſiege de la ſelle, enſorte qu'un ſeul contretems ſeroit capable de le déſarçonner, parce que dès qu'il n'a pas le fond de la ſelle, le contretems lui donne un coup ſous la fourchure & l'enlève.

JE ſuppoſe donc un homme, dont la poſition du corps eſt juſte & réguliere, & qui, poſſedant cet à plomb néceſſaire, peut ſentir & s'unir à tous les mouvemens différens du cheval; voyons comment par le moyen de ceux de ſon corps, il pourra allier les tems de ſa main & de ſes jambes.

POUR entrer dans un coin, on doit commencer par l'ouvrir. Ouvrir un coin, c'eſt tourner l'épaule du cheval avant d'y arriver, afin qu'elle embraſſe le terrain, & dès lors la croupe qui eſt en dedans, ne décrit le terrain embraſſé par les épaules, que lorſque les épaules tournent & embraſſent le terrain de la ligne droite au ſortir du coin. Pour tourner l'épaule du cheval

cheval en ouvrant le coin, il faut porter la main à droit ou à gauche, ſelon la main à laquelle vous travaillez ; & pour chaſſer la croupe en dedans, il faut ſoutenir de la jambe, qui eſt du côté où vous portez la main. Pour que les épaules tournent & ſortent du coin, il faut porter la main à l'oppoſite du côté où vous l'avez porté en entrant dans le coin; & pour que la croupe décrive le même terrain que les épaules ont décrit, il faut ſoutenir de la jambe oppoſée à celle dont vous avez aidé en mettant les hanches dedans: le cheval ne peut faire aucune de ces actions ſans l'accord parfait de toutes ces aides, or un ſeul mouvement du corps ſuffit pour les unir avec la préciſion la plus exacte. En effet, au lieu de porter la main en dehors & de ſoutenir de la jambe, tournez-vous, mais imperceptiblement, du côté du coin, comme ſi vous vouliez y entrer vous même ; alors votre corps tournant à gauche ou à droit, votre main qui en eſt une dépendance, tournera néceſſairement, & votre jambe du côté où le corps aura tourné, ſera infailliblement preſſée contre celui du cheval & l'aidera. Sortez-vous du coin? Retournez-vous ; votre main retournera, & la jambe opposée à celle qui vient d'agir s'aprochant du corps du cheval, chassera la croupe dans le coin, de façon qu'elle décrira le terrain décrit par les épaules: c'est ainsi que vous parviendrez à accorder le tems de la main & de vos jambes, avec plus d'exactitude & de justesse, que si votre corps étoit immobile, parce que, quelqu'habitude que l'on aye, dès que l'on employe simplement sa main, & que l'on se sert de sa jambe, sans que l'une & l'autre de ces aides soient conduites par le corps, cette action produit moins d'effet, & est infiniment moins liante & moins mesurée, que si elle partoit du mouvement seul du corps du Cavalier.

Le même mouvement du corps, est aussi nécessaire en tournant entierement à droit & à gauche, ou en menant un cheval de côté, sur une même ligne, ou en le changeant de main.

Si dans un changement de main la croupe est trop en dedans, en tournant mon corps en dedans, je la chasse dehors, & ma main qui suit mon corps, détermine l'épaule, par le moyen de la rêne de dehors qui s'accourcit; si la croupe est trop

trop en dehors, je tourne mon corps en dehors, & cette position portant ma main en dehors, accourcit la rêne de dedans, & tient la croupe sujette, d'accord avec ma jambe de dehors, qui travaille & qui s'aproche du corps du cheval. Cette aide est d'autant meilleure, qu'exécutée ainsi qu'elle doit l'être, elle est imperceptible & n'effraye point le cheval; je dis exécutée ainsi qu'elle doit l'être, car il ne s'agit pas de tourner l'épaule & de fausser son attitude; pour que le mouvement du corps unisse la main & la jambe, il faut que ce soit la hanche du Cavalier, qui tourne & qui ammene insensiblement le reste du corps, sans cela bien loin de profiter de l'avantage de votre équilibre, vous le perdriez ainsi que la grace de votre assiette, & votre équilibre perdu, comment pourriez-vous exiger de la justesse dans les mouvemens de votre cheval? Justesse qui dépend entierement de la justesse des votres.

Les aides secrettes du corps consistent donc à prévenir, & à accompagner toutes les actions du cheval. Voulez-vous le reculer? Portez votre corps en arriere, votre main suivra le corps, & un simple tour de poignet fera obéïr le cheval. Voulez-vous le porter en avant? Portez le corps moins en arriere, mais ne chargez pas le devant, parce que l'attitude un peu apuyée sur le derriere, vous donne de l'aisance & de la facilité à aprocher vos jambes. Votre cheval leve-t-il le devant? Mettez votre corps en avant; ruë-t-il, saute-t-il, épare-t-il? Mettez votre corps en arriere; galoppe-t-il? Resistez à tous ses mouvemens; & pour cet effet, avancez votre ceinture au pommeau, en forçant le pli dans les reins; enfin, travaillez-vous sur de grands cercles la tête dedans, la croupe échapée? Que votre corps fasse partie du cercle, parce que cette position mettant votre main en dedans, vous y ammenez l'épaule de dehors, sur laquelle celle de dedans chevale circulairement; & votre jambe de dedans, étant aussi par ce moyen près du corps du cheval, vous laissez la croupe dehors. J'appelle faire partie du cercle, le contrepoids du corps un peu plus apesanti du côté du centre, & ce contrepoids nait naturellement du tour de la hanche de dehors du Cavalier, & du port de cette hanche en dedans.

Les aides du corps sont donc celles, qui

qui font manier le cheval avec le plus de plaisir, & qui le font conséquemment exécuter avec le plus de grace; or, si elles sont telles, qu'elles seules forment la justesse des airs, si elles unissent & accordent parfaitement la main & les jambes, si elles sont si imperceptibles, qu'on n'aperçoit aucun mouvement du Cavalier, & qu'il semble que le cheval travaille seul & de lui-même, si elles embrassent en même tems les principes les plus certains de l'Art, si le corps du Cavalier, qui est en état de les employer, est nécessairement ferme sans roideur, & liant sans mollesse; il faut donc absolument convenir, que cette methode est la plus courte, la plus intelligible & la plus sure, pour former des Hommes de cheval.

CHAPITRE XIV.

Du Galop.

Le trot est le fondement du galop, la preuve en est simple & naturelle. L'action du trot est croisée, celle du galop est suivie d'un mouvement égal des jambes du devant & du derriere; or, si vous trottez le cheval vigoureusement & au delà de la vitesse du trot, vous l'obligerez, lorsque le pied de devant sera levé, de mettre à bas le pied de derriere si promptement, que ce même pied suivra le pied de devant du même côté; ce qui forme le véritable galop: Donc le trot est sans contestation le fondement du galop.

COMME la perfection du trot vient de la souplesse des membres, celle du galop vient de la légéreté des épaules & du bon apui; & la résolution de la course nait du courage, & de la franchise naturelle du cheval.

IL ne faut point galopper un cheval, qu'il ne se présente de lui-même au galop. Le trot vivement battu, & diligemment relevé lui en facilite l'action; quand ses membres sont libres & déliés, & qu'il a acquis une union au dessus de la médiocre, il s'y détermine sans peine, au lieu que s'il pese ou tire à la main, le mouvement du galop le fait abandonner encore d'avantage sur l'apui, & le précipite sur les épaules.

FAIRE passer dans les prémieres leçons le

le cheval du pas au galop, & l'y exercer d'abord ſur les cercles, c'eſt exiger de lui une trop prompte obéiſſance. En prémier lieu, il n'y a pas de doute, que le cheval ſe raſſemble plus aiſément par le droit, qu'en tournant; & en ſecond lieu, le pas étant un mouvement écouté, & le galop étant un mouvement violent, il vaut mieux commencer du trot, qui eſt une action diligente, que du pas, qui en eſt une lente & tardive, quelque ſoutenuë qu'elle ſoit.

DEUX choſes à conſidérer dans le galop, le galop juſte & le galop uni.

J'ENTENDS par galop juſte, celui dans lequel le cheval entame le chemin avec la jambe droite de devant, & j'appelle la jambe qui entame ou qui mene, celle qui va toûjours en avant; par exemple, un cheval galoppe & ſe repoſe ſur le pied de devant du montoir, la jambe droite embraſſe le terrain, le cheval galoppe conſéquemment à droite & juſte, parce que ſa jambe droite mene & entame.

CETTE action de la jambe droite eſt une action totalement néceſſaire, car ſi le cheval entamoit le chemin avec la jambe gauche, ſon galop ſeroit faux, de maniere que vous comprenez que tout cheval que vous partez au galop, doit mener avec ſa jambe droite, ſi vous voulez le galopper juſte.

J'ENTENDS par galop uni, celui dans lequel le derriere du cheval accompagne le devant; par exemple, je galoppe, la jambe droite de mon cheval mene, la jambe droite de derriere doit ſuivre, car ſi la jambe droite de devant entamant, la jambe gauche accompagnoit, dès lors mon cheval ſeroit déſuni; la juſteſſe du galop dépend donc des pieds de devant, ainſi que l'union dépend du derriere.

CETTE regle générale qui fixe la juſteſſe du cheval au galop, c'eſt-à-dire, ce principe qui aſtraint toûjours la jambe du hors montoir de devant à mener, perd cependant de ſes droits dans les Maneges. Cette école eſt faite pour aſſouplir également les membres du cheval; l'on n'exige donc pas qu'il entame toûjours le chemin avec la même jambe, parce qu'il eſt de toute néceſſité qu'il aye, pour être propre aux différens airs, une même ſoupleſſe dans les deux épaules. Cette même raiſon ne devroit-elle pas ſubſiſter pour un cheval dont on ſe ſert hors du Manege? Auſſi s'eſt on déterminé de nos jours, à galopper les chevaux de chasse indifféremment sur les deux pieds, parce que l'experience a prouvé, qu'au moyen de la maxime du galop toûjours à droit, un cheval étoit ruiné d'un côté, tandis qu'il étoit tout neuf de l'autre.

QUOIQU'IL en soit, il n'en est pas moins certain, qu'un cheval dans le Manege, peut galopper faux, soit qu'il aille par le droit, soit qu'il galoppe sur un rond & sur un cercle; par exemple, s'il galoppe par le droit, & que partant à main droite, il entame le chemin avec le pied gauche de devant, il est faux, ainsi que si partant à main gauche, il entame le chemin avec la jambe gauche.

LE mouvement d'un cheval désuni est tellement désordonné qu'il peut tomber facilement, parce que cette action qui est l'action du trot, est contre la nature du galop; il est vrai qu'il vaudroit mieux qu'il fut faux, pour la sureté du Cavalier.

SI un cheval au grand galop change de côté à chaque tems, cette action de l'amble dans la vitesse de la course, est si différente de l'action du galop, qu'elle fait tomber le cheval à tout moment du trot à l'amble, & de l'amble au trot.

LORS-

LORSQU'UN cheval galoppe en avant, quelque petit & quelque raccourci que ſoit le galop, ſes pieds de derriere dévancent la piſte de ceux de devant, & du pied qui mene, auſſi bien que de l'autre. Je m'explique. Si le pied de devant du dedans mene, le pied de derriere du dedans doit ſuivre le même mouvement; ainſi ſes pieds de dedans, dont l'un mene, & l'autre ſuit, ſont preſſés, & ſes pieds de dehors ſont en liberté. Le cheval part, le pied de devant & de dehors porte à terre, le prémier eſt en liberté, voilà un tems; pour lors le pied de devant du dedans qui eſt preſſé & qui mene, fait un ſecond tems, en voilà deux; le pied de derriere de dehors, qui eſt en liberté à terre, fait le troiſiéme tems; & enfin le pied de derriere du dedans, qui eſt preſſé & qui mene, eſt mis à terre & forme un quatrieme tems; de façon que l'action juſte du galop en avant, eſt, un, deux, trois & quatre.

IL eſt extrêmement difficile de ſentir exactement tous ces tems, on y parvient cependant par l'attention & par la pratique. Les tems d'un cheval qui, en galoppant, embraſſe beaucoup de terrain, ſont plus ſenſibles que ceux du cheval qui en embraſſe

embrasse peu. Le mouvement de celui-ci est diligent & court, le mouvement de l'autre est long & plus posé; mais quelques lentes ou quelques diligentes que soient les battuës naturelles des chevaux que l'on monte, le Cavalier les doit incontestablement connoitre; car s'il cherchoit, dans l'espérance de mieux déterminer le prémier, à allonger son action, & à raccourcir celle du second, dans l'attente de l'unir d'avantage, non seulement leurs mouvemens seroient désagréables & forcés, mais ils se deffendroient, parce que l'art est fait pour corriger, & non pour changer la nature.

En galoppant un cheval sur les cercles, portez-le toûjours en avant avec la rêne de dehors, c'est-à-dire, tournez la main de tems en tems en dedans, & aidez-le avec la jambe de dehors. Dans le cas où la croupe sortiroit en dehors, vous n'auriez qu'à porter la main en dehors du col, vous la tiendriez sujette, & elle ne s'éloigneroit pas de sa piste; je parle des cercles de deux pistes, où les hanches s'observent. Avant de venir à cette action, il faut galopper le cheval sur des cercles simples. Dans cette prémiere leçon servez-

vous

vous, afin d'assouplir le cheval, de la rêne de dedans, pour tirer sa tête dans le centre, & aider ou pousser avec la jambe du même côté, la croupe hors la volte; par ce moyen vous pliez les côtes du cheval. Il est vrai que les pieds de derriere décrivant un cercle infiniment plus grand que les pieds de devant, ils marquent une seconde piste; mais quand on dit, galoppés un cheval sur un cercle d'une piste, on est toûjours dans l'obligation d'en décrire deux, parce que si les pieds de derriere marquoient la même piste que le devant, la leçon ne vaudroit rien, & le cheval ne pourroit pas s'assouplir, car il ne devient souple qu'autant que le circuit fait par les hanches, est plus grand que celui qui est fait par les épaules.

QUAND votre cheval commence à galopper légérement sur les cercles de cette derniere espèce, faites souvent & fréquemment des arrets. Pour les bien faire au galop la tête dedans, la croupe dehors, il faut que la jambe de dehors du Cavalier, mette en dedans la jambe de dehors du cheval; autrement il ne sauroit faire son arret sur les hanches, parce que la hanche de dehors est hors la volte.

L'AR-

L'ARRET du galop par le droit, se doit faire aussi en renfermant prudemment le cheval, sans alterer ni ébranler l'apui, & en reculant un peu le corps pour accompagner cette action, & même pour soulager les épaules du cheval. Ce tems se doit prendre, la main & le corps également fermes, & précisément quand le cheval pose les pieds de devant à terre, afin qu'en les relevant sur le champ par le mouvement naturel qui suivra, il se trouve apuyé sur les hanches. Si au contraire, vous faites la prémiere action du parer, pendant que les épaules de votre cheval s'avanceront ou seront en l'air, vous courrez risque d'endurcir l'apui, d'arrêter le cheval sur les épaules & même sur la bouche, & de lui faire faire quelques faux mouvemens de la tête, l'ayant surpris au tems de la descente des épaules.

IL est des chevaux qui se retiennent & qui n'employent pas assez leurs forces, galoppez-les vite, ensuite plus doucement, & encore après un peu plus vite; les travaillant ainsi alternativement vite & lentement, selon les occasions & la nécessité. Laissez-les même quelquefois partir de la main l'espace de vingt pas, marquez un demi arret

arret en portant le corps en atriere, & reprenez-les au petit galop, ils seront assurément contrains d'obéïr par là, à la main & aux talons.

Au petit galop comme au trot, il est quelquefois nécessaire d'aprocher les talons, ce qui s'appelle pincer; mais il faut le pincer de façon qu'il ne s'abandonne pas, & qu'il soit sur les hanches & non sur les épaules, pour cet effet en le pinçant, tenez-le dans la main.

Pour le bien mettre sous lui au galop, aprochez vos deux jambes fort en arriere, vous l'obligerez de couler ses pieds sous son ventre, & au même instant, élevez un peu la main pour soutenir le devant en l'air, & rendez sur le champ. Soutenez encore un tems, rendez ensuite, & ainsi continuellement, jusqu'à ce que vous sentiez plier les hanches, & que le cheval galoppe assis; pressez des gras de jambes, vous le rendrez sensible.

Le cheval a-t-il la bouche extrêmement délicate? Galoppez-le sur un terrain un peu penchant; alors il est obligé de s'apuyer un peu sur la main pour se ramener sur les hanches, & la crainte qu'il a de s'offenser lui-même les barres & les gencives, l'empel'empêche de s'oppoſer à l'action de la bride. Si le galop ſur un terrain un peu penchant aſſure une bouche très foible, ſervez-vous du même terrain en montant, pour allégérir le cheval qui peſera, & qui aura l'apui plus dur qu'à pleine main.

Il eſt des Cavaliers, qui marquent d'une action de corps & de tête, tous les tems de galop que le cheval fait; il faut au contraire, ſans néanmoins ſe contraindre, conſentir à tous ſes mouvemens, mais avec tant de liaiſon qu'on ne puiſſe s'en appercévoir, car les grands mouvemens mettent un cheval en deſordre. Pour cet effet, préſentez votre poitrine, étendez-vous ferme ſur vos étriers, c'eſt l'unique moyen de vous unir entierement au corps de l'animal que vous galopperez.

Le propre du galop eſt, comme on a du le comprendre par tout ce que j'en ai dit, de faire prendre un bon apui au cheval. Dans cette action, en effet, il leve à tous les tems les deux épaules & les bras enſemble, de maniere que dans ce mouvement le devant n'eſt point ſoutenu, juſqu'à-ce que les pieds de devant ayént donné à terre, ainſi le Cavalier en ſoutenant peu à peu la deſcente du galop, peut par conſéquent aiſément donner de l'apui à une bouche qui n'en a point. Prenez garde cependant que le galop trop retenu pourroit faire devenir le cheval ramingue, & affoiblir la bouche de celui qui eſt léger à la main, comme le galop trop étendu, eſt capable d'endurcir un apui qui ſeroit naturellement à pleine main.

NON ſeulement l'action du galop aſſure une bouche foible & ſenſible, mais elle dénouë le cheval, & le rend libre de ſes membres; elle donne de l'attention à celui qui, par trop de fougue & d'impatience, n'attend ni l'aide du Cavalier, ni le tems de partir; elle détermine celui qui ſe retient, & lui apprend à partir librement, & elle abbat enfin les forces ſuperfluës de celui, qui, par gayeté, uſe de ſa vigueur pour ſe deffendre. Meſurez cependant cette leçon au naturel, à la force & à l'inclination de l'animal, & ſouvenez-vous que les courſes précipitées, nuiſent aux chevaux ſenſibles & impatiens, autant qu'elles ſont propres à ceux qui ſont lâches, pareſſeux, & qui ſe retiennent.

CHA-

CHAPITRE XV.

Des Passades.

LES passades sont la plus véritable épreuve de la bonté du cheval. Part-il? On connoit sa vitesse; s'arrête-t-il? On connoit sa bonne ou mauvaise bouche; tourne-t-il? On connoit son adresse & sa grace; enfin repart-il? On connoit sa force, sa franchise & sa vigueur.

LE cheval bien allégéri du devant, ayant le mouvement des hanches ferme & libre, & capable d'accompagner les épaules, devenu obéissant à toutes mains & à l'arret, vous pourrez le mettre sur les passades

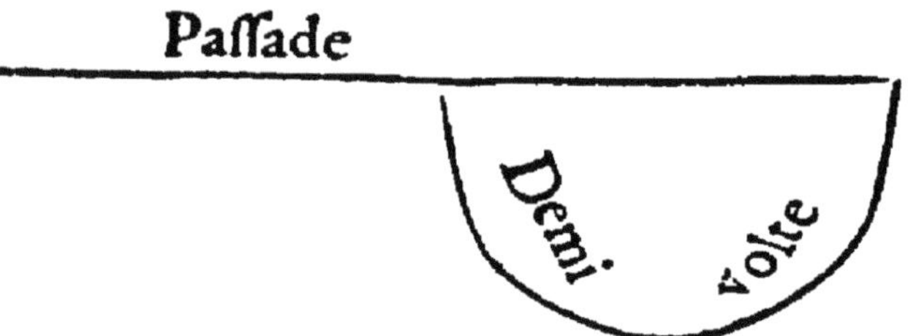

PROMENEZ-le dès lors le long d'un mur au pas averti, soutenu & léger, afin

de lui faire connoitre la longueur de la passade, & la rondeur de la volte ou de la demi volte, qui se fait au bout de chaque ligne. Formez un arret au bout, & le dernier tems de l'arret fini, levez-le deux ou trois fois à pesades. Faites ensuite une demi volte de deux pistes au pas, & en tournant, & aussitôt que vous l'aurez fermé, levez-le encore deux ou trois pesades, & continuez à cheminer pour lui en demander autant à l'autre main.

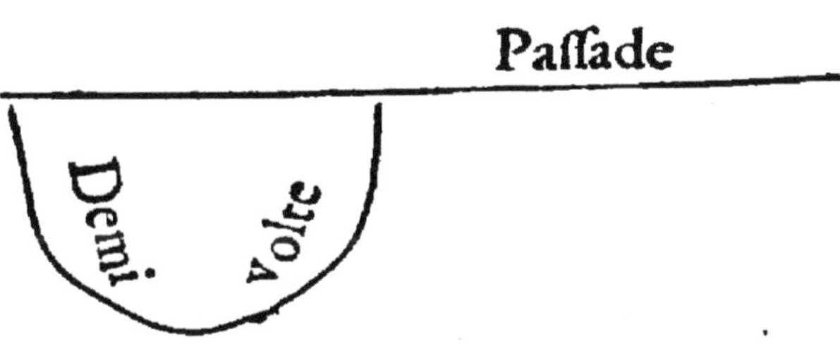

CONFIRMEZ-le bien dans cette leçon. Du pas vous le mettrez au trot sur la droite ligne, du trot au petit galop, du petit galop au galop de vitesse, & conduit ainsi de degré en degré, il sera capable de fournir toutes sortes de passades, & de former la demi volte de l'air que vous lui aurez donné.

NE demandez jamais une volte ou une demi volte au cheval, dans le tems que vous

vous le ſentirez déſuni, qu'il tirera, qu'il peſera à la main, & que vous le trouverez abandonné ſur les épaules; au contraire, arrêtez-le entierement, & faites-le reculer juſqu'à-ce que vous l'ayez redreſſé, ramené, relevé, allégéri du devant, & que vous lui ayez fait prendre un juſte apui de bouche & de main.

LES paſſades parfaites ſe font ainſi. Le cheval étant droit & ferme en une place, vous le partez de la main, vous le parez juſte ſur les hanches, & de la même cadence de ſon arret dans la main & dans les talons, il doit former la demi volte, & enſuite attendre toûjours ſur les hanches, le tems où vous voudrez le repartir une ſeconde fois.

IL faut donc que le moindre mouvement du Cavalier, ſoit un commandement abſolu pour le cheval. Voulez-vous l'échaper? Rendez la main, aprochez vos deux gras de jambes; s'il ne répond pas, preſſez-le des talons, mais en prenant ce tems du lieu où ils ſont, & ſans écarter les jambes avant que de le frapper.

NOUS appellons paſſades relevées, celles où le cheval étant au bout de la ligne, fournit la demi volte de ſon air, à à mezair ou à courbettes, ce qui a beaucoup de grace. Ainsi aux passades relevées, échapez votre cheval, que votre arret soit suivi & accompagné de trois courbettes, que la demi volte soit composée d'autant, & demandez-lui en encore trois avant que de le repartir. Ce nombre de neuf courbettes s'observe ordinairement lorsqu'on travaille un cheval, & qu'on le fait manier seul.

LES passades furieuses sont, celles qui se font lorsque l'on fait partir le cheval à toutes brides par le droit, & qu'on marque un demi arret par deux ou trois falcades, avant que de prendre la demi volte qui se fait d'une piste en trois tems; car il faut que le troisieme tems ferme la demi volte, & mette le cheval droit sur la ligne de la passade, afin qu'il soit en état de repartir & de la continuer.

ON se sert de ces sortes de passades dans les combats particuliers, & quoiqu'il paroisse que le tems du demi arret que l'on observe, retarde celui de gagner la croupe de son ennemi, ce demi arret est absolument nécessaire, car sans les deux ou trois falcades, le cheval ne sauroit faire la demi volte sans courir risque de tomber.

CHA-

CHAPITRE XVI.

Des Pesades.

LA pesade tire sa dénomination du mouvement du cheval, qui, dans cette action, met & apuye sur ses hanches tout le poids de son corps. Pour qu'elle soit bien faite, les pieds de derriere qui portent toute l'action doivent être immobiles, le devant plus ou moins élevé selon l'animal que l'on travaille, mais il faut que les bras soient toûjours extrêmement bien pliés.

LE propre de la pesade est, de disposer le cheval à toutes sortes de Maneges, car elle est le principe & le fondement de tous les airs; gardez-vous néanmoins de lui apprendre à lever le devant, & de le mettre conséquemment aux pesades; s'il n'est dans la main & dans les talons, vous le jetteriez infailliblement dans de grands desordres, vous lui oteriez l'apui de la main, vous lui enseigneriez à faire des pointes, & même vous le rendriez retif, d'aud'autant plus que la plupart des chevaux se levent par deffense pour resister au Cavalier, & parce qu'ils ne veulent ni aller en avant ni tourner.

Le cheval parvenu au point d'étre recherché aux pesades, promenez-le au pas, au trot, ou au galop; arrêtez-le dans la main, tenez-la un peu ferme, aidez de la langue, de la gaule & des jambes; pour peu que vous apperceviez qu'il comprend ce que vous exigez de lui, flattez-le. Si dans les commencemens vous employez la dureté & la rigueur, il regardera ce point d'apui qui part de votre main, & cette aide qui part de votre jambe, comme un châtiment, & vous le revolterez. Il est donc important d'aller par gradation, ainsi s'il commence à quitter terre du devant, caressez-le, cheminez par le droit, faites-le lever une seconde fois peu ou beaucoup, & accoutumez-le insensiblement à lever plus haut, vous verrez qu'il formera bientôt des pesades dans la perfection, & qu'il en fera une, deux, trois, quatre & même plus, très librement.

Les chevaux pesants & paresseux, exigent dans ces commencemens, des aides plus fortes & plus sensibles.

IL en eſt d'autres qui ſe levent d'eux mêmes, & ſans qu'on les recherche, chaſſez-les en avant, afin de les en empêcher.

LES uns en faiſant la peſade ne plient point les bras, ils étendent les jambes, battent en l'air & joüent de l'épinette ; ſervez-vous alors de votre gaule, châtiez-les vigoureuſement, en leur en donnant ſur l'épaule, ou ſur les genoux.

LES autres enfin, dans le moment qu'on entreprend de les lever, profitent de la force que leur donne l'union de cette action, pour s'élancer en avant, dans l'eſperance de ſe tirer de la ſujettion ; vous ne pouvez les corriger, qu'en les faiſant reculer à proportion de la longueur du terrain qu'ils auront franchi.

IL en eſt encore, qui pour fuir l'union de la peſade, & pour s'oppoſer à la volonté du Cavalier, ſe traverſent & ſe jettent tantôt d'un côté, tantôt d'un autre ; en ce cas, ſi le cheval que je travaille eſt porté à ſe traverſer plûtôt à gauche qu'à droit, je le mene le long d'une muraille, la muraille à ſa gauche, & là, je ſoutiens de ma jambe droite & le pince même s'il en eſt beſoin, obſervant de porter ma main à droit, mais imperceptiblement, & ſeu-

 lement

lement autant qu'il le faut pour racourcir ma rêne gauche.

S'IL se jette à droit, je mets la muraille à sa droite, je le soutiens & le pince de ma jambe gauche, & cherche à racourcir ma rêne droite par le port de ma main à gauche; mais je ne saurois trop le répéter: toute leçon de cette espèce, c'est-à-dire, dans laquelle un cheval peut trouver des principes de deffense, doit être donnée avec un jugement & une prudence à toute épreuve.

AU surplus, n'allez pas tomber dans l'erreur de ceux qui croyent que plus ils levent le devant, plus le cheval est sur les hanches. Sur les pesades, la croupe est poussée en arriere & le cheval plie les hanches; mais s'il est levé trop haut, il n'est plus assis dessus, parce que dès lors il est droit & roide sur les jarrets, & qu'il retire sa croupe à lui au lieu de la pousser en arriere. Ces sortes de pesades trop hautes dans lesquelles le cheval roidit les jarrets, s'appellent pesades de chevre.

LES aides pour les pesades dérivent des aides du reculer. Placez en effet votre main comme si vous aviez dessein de tirer votre cheval en arriere, mais approchez en en même tems les jambes & il levera le devant. Rien n'eſt donc plus abſurde que la leçon que donnent certains Ecuyers, qui obligent dans cette action l'Ecolier à ſe ſervir uniquement de ſa gaule, pour enlever le cheval ; ſans doute qu'ils ignorent que la main retenant le devant, & les jambes chaſſant le derriere de l'animal, il eſt contraint malgré lui, d'hauſſer les épaules, & de rejetter tout le poids de ſon corps ſur les hanches.

CHAPITRE XVII.

Du Mezair.

LE galop eſt le fondement du terre à terre, car dans ces deux mouvemens le fond de l'action eſt la même, puiſque le terre à terre n'eſt autre choſe qu'un galop raccourci la croupe dedans, avec un mouvement de hanches fort tride.

L'ACTION du mezair eſt plus haute que le terre à terre, & plus baſſe que les courbettes ; on peut donc dire que le terre re à terre, n'eſt pas moins le fondement du mezair, que celui des courbettes.

LE cheval doit être au terre à terre, plus enſemble qu'au galop, afin de mieux marquer ſes tems, quoiqu'un vrai terre à terre n'aye point de tems marqués, car c'eſt plûtôt un fredon de hanches, qui nait des reſſorts naturels de l'animal.

J'AI dit que le terre à terre étoit le fondement du mezair; en effet, levez le devant du cheval plus haut, vous lui donnerez des mouvemens plus lents & plus écoutés, & en le faiſant rabatre avec les deux pieds de derriere, au lieu de couler comme au terre à terre, vous le mettrez de mezair ou à demi courbettes.

TRAVAILLEZ un cheval terre à terre; le cheval ainſi qu'au galop, doit toûjours entamer avec les pieds & les jambes du dedans de la volte, ſes deux pieds de devant étant en l'air, & dans l'inſtant qu'ils commencent à ſe baiſſer, ſes deux pieds de derriere doivent ſuivre.

L'ACTION du galop eſt toûjours un, deux, trois & quatre; au terre à terre, l'action n'eſt que deux, un & deux. Elle eſt ſemblable aux courbettes, excepté que le terre à terre eſt plus ſous lui, c'eſt-à-dire,

dire, que le cheval a les hanches plus pliées, & qu'il les remuë plus tride qu'aux courbettes.

POUR travailler un cheval terre à terre sur un grand cercle, soyez prémierement droit, juste & ferme dans la selle, sans pancher le corps ni d'un côté ni d'autre. Pesez sur l'étrier de dehors, & que votre jambe de ce côté soit plus près du corps du cheval que celle de dedans, sans que néanmoins cette différence paroisse. Allez-vous à main droite? Que la main de la bride soit un peu en dehors du col du cheval, tenant votre petit doigt en haut, sans y trop tourner les ongles, quoique dans le besoin il faille les y tourner, pour faire agir la rêne de dedans qui passe sur le petit doigt. Ayez les bras & les coudes sur les hanches, par là, vous assurerez votre main qui doit aller rondement, ou filer, pour ainsi dire, circulairement avec le cheval.

AU mezair, pratiquez les même aides qu'aux courbettes. Aidez délicatement de vos jambes, & seulement pour porter le cheval en avant. Observez qu'il faut en aprochant les deux jambes pour porter en avant, que celle de dehors soit assez

assez forte pour tenir le cheval sujet, & pour aider à celle de dedans à chasser, celle de dedans devant être plus foible, puisqu'elle ne doit que determiner le cheval à embrasser le terrain qui est devant lui.

CHAPITRE XVIII.

Des Courbettes.

DE tous les airs relevés, le moins pénible & le moins violent, est celui des courbettes; d'autant plus qu'il n'offre rien au cheval, qu'il n'aye déja éprouvé. En effet, pour le rendre facile & juste à l'arret, on lui a donné le bon & le véritable apui; pour le relever du devant, on l'a ramené & soutenu ferme sur les hanches; pour le porter en avant, pour le faire reculer, pour le faire parer, on lui a fait connoitre les aides de la main & des jambes; de façon que pour parvenir aux courbettes, il ne lui reste plus, pour ainsi dire, à comprendre, que la mesure & la cadence de cet air.

DES pesades naissent les courbettes. Nous

Nous avons dit que les pesades se font lentement, très hautes du devant & peu accompagnées du derriere. Les courbettes sont plus basses de devant, plus avancées, plus battues, mieux accompagnées; les hanches pliées, les jarrets fermes, les deux pieds de derriere avançant également à chaque tems, & dans un mouvement rassemblé, juste & toujours limité.

CETTE action bien appropriée à la force & à la nature du cheval, est non seulement belle, mais elle est presque nécessaire pour assurer sa tête, parce que cet air est, ou doit être, fondé sur le véritable apui de sa bouche. Elle lui allégérit aussi le devant, car elle ne peut se faire sans qu'il ramene ses forces sur les hanches, & par conséquent elle lui soulage les épaules.

VOUS savez qu'en toutes sortes d'airs il faut s'accommoder à la force, à la vigueur & à la disposition du cheval; vous connoissez l'importance de le travailler selon toutes ces qualités, & vous êtes convaincu que l'art ne sert & ne peut servir qu'à perfectionner la nature. Or il vous sera facile de découvrir l'air auquel il sera destiné, & auquel il a le plus de pente & d'inclination, par ses actions & par la peine ne ou la facilité que vous aurez eu de l'assouplir. Pour dresser un cheval à courbettes, choisissez celui qui, outre les dispositions nécessaires à ce manege, sera assez patient pour les bien faire. La disposition naturelle ne suffit pas ; des chevaux s'y présenteront, mais ennemis de toute sujettion dès qu'ils sentent la peine qu'il y a de fournir à ce qu'on leur demande, ils se démentent aussi-tôt qu'on les croit gagnés. Il faut donc beaucoup d'art pour les y acheminer & pour les y confirmer : Croyez que vous n'y parviendrez jamais si le cheval n'est bien dans la main & dans les talons, s'il n'est libre & aisé d'une piste, & s'il n'est bien assis sur les hanches dans son terre à terre, qu'il doit savoir parfaitement exécuter.

Les courbettes sont contraires & réussissent toujours mal aux chevaux qui ont les pieds mauvais & les jarrets douloureux, quelque légéreté & quelqu'autre bonne partie qu'ils ayent d'ailleurs. Elles accompagnent aussi le vice du cheval ramingue, & seroient capables de rendre tel, celui qui ne le seroit pas, si on ne l'ajustoit pas à cet air avec assez de prudence. En effet, l'impatience & l'inquietude font souvent

que

que dans cette action le cheval se jette dans le desespoir, & que ne pouvant souffrir ni comprendre les aides & les châtimens, il se deffend de toutes façons, comme il arrive aussi que la crainte & la timidité font qu'il se confond, s'effraye & s'avilit. Il est presque impossible de décider à laquelle de ces imperfections il est plus aisé de remedier.

Avant de mettre un cheval aux courbettes, il faut qu'il manie terre à terre, & s'il manie terre à terre, il doit savoir changer de main d'une & de deux pistes, partir & bien arrêter. Ensuite il le faut faire lever avec facilité aux pesades, assez haut du devant pour le soutenir de la main, & le tout en avant par le droit, & non en rond dans les commencemens. Demandez lui d'abord deux ou trois courbettes, cheminez-le ensuite deux ou trois pas, ensuite deux ou trois courbettes, & ainsi alternativement. Si vous sentez votre cheval dans la main, & qu'il se laisse porter en avant sans desordre, sans inquietude & sans se traverser, il sera bien-tôt dressé; s'il avançoit trop, faites lui faire ses courbettes à la même place, & reculez-le souvent; après qu'il en aura fait ainſi deux ou trois, demandez-lui en encore, & reculez-le ſucceſſivement.

On voit fort peu de chevaux qui en maniant à courbettes, ſoyent bien apuyés & tendus ſur les hanches & ſur les jarrets, à moins qu'ils ne ſoyent acculés, & qui battent également & nettement la meſure de cet air, ayant la croupe & la tête ferme & aſſurée; auſſi faut-il que les premieres leçons ſe faſſent lentement, & très hautes du devant, car l'eſpace de tems que le cheval employe à mettre le devant à terre, lui facilite & lui donne le moyen d'aſſurer ſes hanches, ſa tête, & de bien plier ſes bras; ſi au contraire il manie bas du devant, il ne fait que battre la poudre, & il eſt impoſſible que toutes les parties de ſon corps ſoyent raſſemblées, comme elles doivent l'être à ce Manege.

Lorsqu'un cheval rabat de lui-même diligemment les prémieres courbettes, il eſt à craindre que cette action ne ſoit une preuve de ſa colère & de ſon impatience; alors on aura lieu d'apréhender, que ſa force ne fourniſſe pas long-tems au Manege de cet air, qu'il ne trepigne bien-tôt, ou qu'il devienne entier; mais s'il leve librement & aſſez haut de devant, ſans ſe hâter ni ſe tenir

nir trop roide & trop tendu, il sera fort aisé d'étrécir & de resoudre sa mesure, pour perfectionner l'air des courbettes, selon son courage, sa force & sa légéreté. Si dès que vous leverez le cheval, il se hausse promptement, prenez garde que cette action précipitée ne soit aussi une preuve de ce que je viens de vous dire.

La vraye prestesse des beaux airs nettement rabatus, ne consiste pas dans la diligence que le cheval peut faire, en donnant promptement des pieds de derriere à terre, car il n'auroit pas assez de tems pour hausser le devant & pour bien plier les bras; mais le vrai tride, le beau son d'un rabatement juste, se fait, lorsque les pieds de derriere accompagnent légérement, & répondent promptement à ceux de devant, les relevant aussi-tôt qu'ils donnent en terre.

Pour que le cheval rabatte ses courbettes nettement & d'une mesure égale, tenez les rênes dans un bon & juste apui, soyez droit & étendu sans être roide, conservant toûjours l'aisance & la liberté qui caractérisent l'homme de cheval; que votre main soit à trois doigts au-dessus du pommeau & un peu plus avancée, ayez les ongles en haut & soyez prompt & agile à lever le devant ; dans cette action, portez un peu le corps en avant sans qu'on puisse s'en appercevoir, n'affectez & ne mettez surtout aucune force dans vos jambes, ayez les jarrets comme affoiblis, elles prendront elles-mêmes le tems, mieux que vous ne sauriez le leur donner ; je parle d'un cheval parfait & extrêmement bien mis, car s'il se traversoit, s'il se jettoit, s'il demeuroit, s'il trépignoit, vous seriez contraint de l'aider proportionnément à son sentiment & à sa finesse.

Il n'est pas nécessaire que le cheval soit entierement ajusté aux courbettes par le droit, avant de le mettre sur les voltes de même air ; l'habitude du droit le contraindroit de nouveau, il pourroit rompre son air relevé dans l'action du tourner, il fuiroit la volte, il se déroberoit, & tomberoit peut-être dans quelques desordres ; ainsi il est bon, dès qu'il a quelques connoissances des courbettes par le droit, de commencer à le mettre aux tems & aux proportions de la volte.

Promenez-le d'abord sur une volte assez large & de la plus parfaite rondeur, observant un pas qui ne soit ni trop écouté, ni ni trop abandonné, & lui faisant porter la tête dans la rondeur, de façon qu'il s'accoutume à regarder dans la volte, sans cependant que les pieds de derriere sortent de la piste de ceux de devant.

LUI ayant ainsi montré par ce passage à chaque main le premier espace de la volte, faites lui faire de trois en trois pas une pesade, paisiblement & légérement sans l'arrêter. Continuez la volte au trot, arrêtez-le sans le hausser, flattez-le, reprenez-le ensuite à l'autre main & usez-en de même. Cette leçon entendue, joignez deux pesades ensemble, promenez-le comme auparavant, gardez cette règle & cet ordre sans rien précipiter, augmentez peu à peu le nombre des pesades, diminuez celui du pas selon que le cheval deviendra plus aisé, & par ce moyen, il fournira en peu de tems des voltes entieres.

LORSQUE le cheval fera librement les voltes larges & lentes, étrécissez-le peu à peu dans la rondeur du terrein, & dans la mesure des pesades, jusqu'à-ce que l'air & la volte soyent également dans leurs justes proportions; empêchant par les aides & par les châtimens, qu'il ne mette la croupe ni dehors, ni trop dedans la volte, & qu'il ne fasse aucune mauvaise action de tête.

Il est impossible au cheval de former son air relevé, sans se raccourcir beaucoup plus que son assiette naturelle, parce que l'action en est d'elle-même rassemblée, & soutenuë sur les hanches, de façon qu'il faut nécessairement que les pieds de derriere s'avancent, élargissant la piste qu'ils formoient au pas; ou que ceux de devant reculent, & étrecissent la rondeur de leur passage, ou que le devant & le derriere s'accordent ensemble & se rétrécissent également, ces différences sont essentielles à observer. Le prémier mouvement de l'aide, doit être fait avec les jambes, afin que par ce moyen les pieds de devant gardent pendant le Manege relevé, leur piste auparavant arrondie au passage. Si le cheval s'élargit, s'abandonne sur les épaules ou sur l'apui, le prémier mouvement partira de la main, cette sujettion le relevera, & les pieds de derriere donneront dans leur piste limitée par le juste passage; si enfin, le cheval est obéissant, le Cavalier pourra également l'assembler du devant & du derriere, en faisant l'action ordi-

ordinaire, de la main & des jambes au même tems.

QUAND le cheval Passage sur la volte, son action est toûjours soutenuë par un pied de devant, & un autre de derriere, qui sont également fermes à terre, tandis que les deux autres sont en l'air, de façon que par ce moyen, la piste de devant & celle de derriere, se font en même tems ; mais quand il releve son air & l'avance sur la volte, il change tous ses mouvemens, car les deux pieds de devant se haussent les prémiers, & tandis qu'ils descendent, ceux de derriere se levent de terre également pour finir, & pour continuer les battuës. Ceux de devant étant plûtôt avancés, doivent donc nécessairement redonner plûtôt en terre que ceux de derriere, & par conséquent le cheval ne peut arriver en même tems sur les droites lignes traversées, comme lorsque la volte est faite au pas. Au surplus, au Manege relevé, le cheval ne raccourcit pas seulement toute son action, mais pour fortifier la posture par laquelle il soutient, & accompagne l'air de sa disposition, il élargit les jambes de derriere, tenant les pieds pour le moins deux

 fois

fois plus loin l'un de l'autre, que quand il passage sur la volte, & par conséquent il fait les pistes différentes.

Il y a trois actions, & trois mouvemens à considérer encore dans les courbettes. Ces trois actions sont le hausser, le soutenir & le porter. Hausser, c'est seulement lever, & mettre le cheval sur son air relevé; soutenir, c'est empecher qu'il ne pose trop tôt le devant à terre; porter c'est hausser, soutenir & avancer en même tems, pendant que le cheval est en l'air.

Pour faire aller un cheval de côté à courbettes, aidez seulement de la main, lui tenant la tête à la muraille. Par exemple, à droit, aidez-le surtout de la rêne de dehors, c'est-à-dire, tournez la main à droit, car la rêne de dehors qui est la gauche, s'accourcit & le fait aller des épaules. Si les épaules vont trop, servez-vous de la rêne de dedans, en portant la main en dehors, & de façon que les épaules devancent la croupe. Faites-lui faire trois courbettes de côté, passagez-le ensuite toûjours de côté, & le faites aller encore autant de courbettes, aussi de côté & de biais, & petit à petit diminuez

nuez le passage & augmentez les courbettes, jusqu'à-ce que sans interruption, il fasse une volte entiere de deux pistes. A la main gauche faites ce que je viens de vous prescrire pour la main droite.

LES courbettes en arriere fatiguent plus le cheval, & sont plus capables de le revolter, que les courbettes par le droit, sur les voltes, sur les demi voltes & de côté. Pour le faire manier en arriere, reculez-le, ensuite faites lui faire trois ou quatre courbettes de ferme à ferme, c'est-à-dire, en une même place. Reculez-le encore, demandez-lui autant de courbettes, & travaillez-le ainsi alternativement jusqu'à-ce qu'il les fasse paisiblement.

LE cheval s'accoutume, & s'attend à être tiré en arriere d'abord après la derniere courbette; or, dès qu'il aura fait une courbette de ferme à ferme, quand il fera la seconde, prenez le tems où il sera pret à mettre le devant à terre, & que votre main le tire un tems, comme si vous tiriez en arriere au pas un cheval qui résiste à la main, & le tems de la main fait, rendez. Continuez ainsi toutes les courbettes, tirant plus ou moins fort selon qu'il resistera, diminuant le tirer en arriere re après les courbettes, & augmentant leur nombre en arriere. Si les hanches trainoient, c'eſt-à-dire, que les pieds de derriere allaſſent l'un après l'autre, pincez-le des deux, fort en arriere & délicatement, & trouvez-le dans la main quand il retombe du devant à terre. S'il ne s'unit pas pour cela, aidez-le de la gaule ſur la croupe, en tenant le gros bout tourné dans votre main, & il rabattra fort juſte.

POUR aller à courbettes en arriere, aidez de la rêne de dehors, vous étreciſſez le devant, & vous élargiſſez le derriere qui doit être en liberté, puiſque c'eſt lui qui mène. Il eſt ſuivi du devant qui doit gagner le même terrain que lui. Il faut tenir la main baſſe, afin que le cheval n'aille pas trop haut. Que votre corps ſoit un peu en avant pour donner plus de liberté aux jambes de derriere de mener, & ne donnez point d'aides avec les jambes, à moins que les hanches ne trainent. Si le cheval ne s'unit pas de lui-même, il faut prendre le tems avec la main de la bride; quand le devant du cheval tombe à terre, mettez alors la main

main près de vous, & tirez-le en arriere par ce tems de main.

VOICI quelle doit etre votre aſſiette pour exécuter des courbettes ſur les voltes. Que votre hanche & votre épaule de dehors, ſoient ſeulement un peu avancées, & relâchez-vous toûjours des jarrets. Quand vous voudrez changer le cheval à main gauche, que le port de votre main s'accorde avec votre jambe droite qui doit agir; quand vous le voudrez changer à main droite, qu'il s'accorde avec votre jambe gauche; cette aide donnée, replacez-vous, ſoyez étendu comme auparavant, otez vos jambes l'une ou l'autre, ne l'en aidez plus, & que le contrepoids de votre corps ſoit ſimplement ſur le côté de dedans.

INSTRUIT des aides qu'il faut donner pour aller à courbettes en avant, en arriere, de côté, à droit & à gauche, vous pourriez aiſément faire faire au cheval la croix, & même danſer la ſarabande, mais il faudroit autant de juſteſſe & de légéreté de la part du cheval, que de préciſion dans vos aides, & il eſt bien peu de chevaux capables d'exécuter toutes les leçons dont je viens de vous parler; en vain leur auriez-

auriez-vous donné toute la souplesse imaginable, ils ne réussiroient point, si leur nature étoit contraire à ce Manege. L'exercice qui répond à la complexion & aux forces du cheval, l'embellit & le maintient en santé, tandis que celui qui est opposé à son inclination, le foule, l'avilit, le rebute, & le plonge dans une multitude infinie de desordres & d'infirmités.

CHAPITRE XIX.

Des Croupades & des Balotades.

LA croupade est un saut, dans lequel le cheval retire ses jambes de derriere en haut, comme s'il les raccourcissoit, ou les retroussoit contre son ventre.

LA balotade est un saut, dans lequel il s'offre à ruer, mais il ne le fait pourtant pas; il se présente seulement, ou ruë à demi, montrant seulement les fers de derriere.

LES chevaux que l'on met à ces airs, doivent avoir la bouche ferme & légére, &

& une diſpoſition naturellement vive & nerveuſe, car tout l'art & toute la ſcience du Cavalier, ne leur donneroit jamais ces qualités, qui ſont cependant abſolument néceſſaires pour ajuſter l'animal à ce Manege.

LES croupades & les balotades ſont différentes des courbettes, entant qu'elles ſont plus relevées de derriere, & par conſéquent battuës d'une meſure plus légére & plus étenduë; auſſi le Cavalier doit-il tenir de tems en tems la croupe du cheval avertie, par le moyen du coup de gaule, le ſoutenant un peu moins de devant, & obſervant que le tems & les aides de ſes jambes, ſoient moins hâtées & moins avancées, que celles qu'il employe à l'air des courbettes.

COMME la perfection de l'air des courbettes, tant ſur les voltes que par le droit, nait de la facilité des peſades, celle des croupades & des balotades dépend des mêmes regles. Le cheval allégéri du devant par le moyen des peſades & des courbettes, commencez par le hauſſer, tant du devant que du derriere, moins cependant aux prémieres leçons qu'aux autres, car vous ne le reduiriez jamais

mais au véritable point, si vous employiez toute sa force sur le champ, attendu qu'occupé à fournir toute sa vigueur, il ne pourroit point observer le ton, & la cadence, de la juste battue du devant & du derriere.

J'AI dit que les croupades & les balotades sont plus relevées que les courbettes; elles en participent néanmoins, car quoique le cheval balotant, tient la mesure de chaque tems aussi haute du derriere que du devant, il suit ainsi qu'aux courbettes, la battuë de celle de devant; ainsi le cheval destiné aux balotades & aux croupades, doit être doué de plus de force & de légéreté, que celui qu'on veut entretenir aux courbettes; comme il doit avoir moins de nerf, que celui qu'on veut mettre à cabrioles par le droit, ou de ferme à ferme, ou sur les voltes simples & redoublées.

POUR ménager la vigueur & le nerf de celui que vous mettrez sur les voltes, aux croupades & aux balotades, tenez le circuit de la volte plus large qu'à l'air des courbettes, & que l'action des épaules soit un peu moins haute; non seulement vous contraindrez sa légéreté, mais en lui relevant moins le mouvement des épaules, sa croupe

croupe ſera plus libre, & par ce moyen elle pourra mieux & plus légérement accompagner l'air & le Manege tout enſemble; d'ailleurs les épaules retombant de trop haut, la chute en étonne la bouche du cheval, & perdant dès lors la fermeté de l'apui, la croupe demeure toujours plus baſſe qu'il ne faut pour bien baloter.

CHAPITRE XX.

Des Cabrioles.

IL n'eſt point de cheval univerſel, c'eſt-à-dire, qui manie également bien, & avec la même force & la même juſteſſe au terre à terre, à courbettes, à mezair, à balotades, à croupades, à cabrioles, chacun a ſa diſpoſition particuliere, & affectée à certain air auquel il répond davantage.

UN cheval naturellement porté aux airs relevés, doit être dreſſé avec beaucoup de patience & de douceur: Il eſt d'autant plus facile à rebuter, que ſon inclination nait de la gayeté, & qu'ordinairement la gayeté eſt ennemie de la ſujettion, de la contraintrainte & des châtimens. La rigueur & la ſévérité le précipitent dans la colere & dans la crainte, & la colere & la crainte l'empêchent de recevoir le tems, l'ordre & la meſure des Maneges par le haut ; ainſi voulez-vous l'aſſujettir à la juſteſſe des airs relevés, & lui faire prendre le ton & la cadence des regles que vous lui enſeignerez, votre patience & des leçons prudemment pratiquées, l'y conduiront tôt ou tard.

Les pieds du cheval ſont la baſe ſur laquelle on doit édifier, pour ainſi dire, ſes airs relevés ; il faut donc en examiner la qualité avec attention ; s'il les a foibles, mauvais & douloureux, il eſt d'autant moins propre aux ſauts, que la douleur qu'il reſſentiroit en retombant allant par le haut, s'étendroit juſques à ſon cerveau. Voyez en effet un cheval dont les pieds ne ſont pas extrêmement bons, trotter & galopper ſur un terrain dur & ſur le pavé, il fermera les yeux, branlera la tête, & quoüaillera chaque tems qu'il mettra les pieds à terre.

La cabriole eſt le plus violent des airs relevés. Pour la faire dans la perfection, il faut que le cheval leve le devant & le derriere d'égale hauteur ; quand il épare

la

la croupe & le garot doivent être haussés de niveau. En haussant le devant, en éparant ou à la descente du saut, la tête & la bouche doivent être fermes & assurées, & le front toûjours droit. Gagne-t-il le devant? Les bras doivent être bien & également pliés; épare-t-il? Les jarrets doivent s'étendre nerveusement, & les deux pieds de derriere doivent être unis, de même hauteur, de pareille action & faire en un même tems leur rejet en l'air; enfin, le cheval doit toûjours retomber à un pied & demi ou deux pieds, près du lieu où il aura commencé son saut.

Je ne dis pas que pour parvenir à l'air des cabrioles, il soit nécessaire de passer par ceux des courbettes & des croupades, car il est des chevaux qui naturellement ont l'ésquine beaucoup plus légére que nerveuse, & qui resistent plûtôt aux sauts, qu'aux airs où il faut unir plus étroitement les forces de l'animal, & menager sa disposition, mais il est certain que si le cheval peut relever peu à peu, les airs médiocres jusques à celui des sauts, il s'énervera beaucoup moins & se confirmera plus aisément, que celui qui aura été mis sur les sauts aux prémieres leçons relevées.

PAR la démonstration que je vous ai faite des mouvemens du cheval, qui fournit des cabrioles parfaites, vous avez dû voir que les cabrioles font un effet contraire, & directement opposé à celui des pesades & des courbettes. Ces airs sont en effet, propres à assurer la tête du cheval, & à l'allégérir d'autant plus, que la principale action se fait sur les hanches & par l'apui tempéré de la bouche; mais les cabrioles donnent communément trop d'apui, parce que la fin & la descente de la plus forte action du saut qui se fait en éparant, est aussitôt soutenuë sur le devant du cheval; aussi avant de le mettre aux leçons de ce Manege, il faut qu'il connoisse parfaitement l'apui, que ses épaules ayent été allégéries du moins aux pesades, qu'il n'aye plus ni crainte, ni colère, ni inquiétude; car, comme je l'ai observé, les sauts lui font sentir sa force & sa vigueur, & il pourroit en mésuser en s'en servant pour se soustraire à l'obéissance, & pour se livrer à tous ses caprices.

IL est des chevaux qui ont assez d'inclination & de force pour fournir à cet air, mais dont la bouche est si délicate, si sensible & si ennemie de tout apui, qu'on ne peut

peut les ſoutenir de la main ſans les acculer; dès lors l'action du devant eſt trop lente & trop baſſe, on ne peut les porter en avant, lorſqu'ils hauſſent le derriere & qu'ils éparent, & il eſt impoſſible de les tenir fermes quand ils reprennent terre. Pour remédier à cet inconvénient, faites-leur commencer toutes leurs leçons au trot, tellement étendu que le plus ſouvent ils paſſent au galop, obſervant néanmoins un juſte milieu, & leur conſervant par conſéquent aſſez de force & de vigueur, pour fournir autant de ſauts qu'il en faudra pour la perfection de leur air. Uſez en de même pour le cheval trop nerveux, & qui ſe retient ſur l'eſquine avant que de vouloir conſentir librement à la juſteſſe des ſauts, vous lui oterez par ce moyen cette vigueur ſuperfluë, qui ne ſert qu'à le rendre déſuni & incommode.

On dégourdit avant les leçons des ſauts, un cheval léger à la main, en le faiſant trotter, mais on doit ſuivre un ordre totalement oppoſé, pour ceux qui ſont chargés, ou qui ont la bouche plus qu'à pleine main. Galoppez-les, trottez-les, mais après qu'ils auront obeï aux cabrioles, l'apui des ſauts deviendra peu à peu plus léger & plus tem-

L 2 peré,

pere, l'exercice du trot & du galop, leur otera la crainte des aides & des châtimens, & ils se présenteront le jour suivant à la leçon, plus gayement & plus librement. Quant au cheval qui tire à la main, n'ayez pas recours au reculer, parce que l'effort de main trop perseveré, pourroit causer une plus grande dureté; mais demandez lui quelques cabrioles face à face de la muraille, en l'en aprochant plus ou moins, selon qu'il se soutiendra pesamment, ou qu'il tirera sur l'apui; par là vous le contraindrez à raccourcir les sauts, & à mieux écouter la leçon. Soutenez-le ferme de la main à la descente du saut trop abandonné ou trop apuyé, & dans le tems qu'il donnera des pieds à terre, rendant aussitôt la main, il s'abandonnera beaucoup moins sur la bride. S'il s'accule, s'il se retient alors, il ne suffira pas de lui rendre seulement la liberté de la main; pour l'avancer, poussez son action contre l'apui par le juste, & par le hardi mouvement des jambes.

POUR dresser un cheval à cabrioles, on peut se servir des piliers, & l'on peut s'en passer; expliquons les regles que l'on doit

doit pratiquer en se servant de ces deux voyes.

Il est certain que les piliers sont de quelque utilité pour mettre un cheval à cet air. Attachez-le, faites-le donner dans les cordes prudemment, & tâchez peu à peu de lui faire lever le devant, en l'obligeant le plus que vous pourrez de plier extrêmement les jambes. A cet effet, servez-vous vigoureusement de la gaule, car s'il parvient à les bien plier, vous rendrez son Manege infiniment plus beau, outre qu'il sera beaucoup plus léger à la main de la bride.

Le devant du cheval étant suffisamment gagné, remettez-le entre les deux piliers, mais les cordes un peu courtes, pour lui apprendre à lever le derriere, & le faire ruer des deux jambes à la fois, en l'attaquant sur la croupe avec la gaule ou la chambriere.

Lorsque le cheval levera le devant & ruëra, il sera question d'assembler ces deux tems. Faites-le donc monter toûjours entre les deux piliers, que le Cavalier le soutienne de la main, & tâche de lui faire faire un ou deux sauts, sans qu'il s'apuye sur les cordes du caveçon, afin de don-

donner à l'animal, la pratique de ſe mettre dans le juſte apui & de le ſentir. Dès qu'il connoitra la main, on l'aidera légérement des gras de jambes, on le ſoutiendra, on le pincera délicatement des deux talons; s'il répond une ou deux fois à cette aide ſans ſe mettre en colere, il y a tout lieu d'eſperer, qu'on le verra bientôt fournir ces ſauts égaux dans la main & dans les talons.

PARVENU juſques à ce point entre les piliers, promenez-le au pas le long d'une carriere, & commencez à le lever, s'il ne ſe prétente. Prend-il le tems à propos? Saiſiſſez-le, & faites-lui faire trois ou quatre cabrioles, ou une, ou deux; en le faiſant cheminer ainſi doucement, il ſe mettra ſans peine en peu de jours aux cabrioles par le droit; dans le cas où il témoigneroit quelque repugnance à l'obéiſſance de la main, des talons, ou des autres aides, remettez-le au caveçon.

VOILA en peu de mots, la maniere & la méthode d'ajuſter un cheval à cabrioles entre les piliers, méthode extrêmement dangereuſe & capable de déſeſperer, d'avilir & de ruïner un cheval, ſi elle n'eſt prati-

pratiquée par un Cavalier d'une ſcience & d'une expérience conſommée.

CELLE dont j'uſe plus volontiers eſt plus pénible, mais elle eſt plus parfaite & plus ſûre.

LE cheval exercé aux peſades, je le promene un pas ſoutenu & ſous lui par le droit, le tenant un peu ſujet de la main, ſans cependant l'arrêter tout à fait. Enſuite je l'attaque tout doucement en donnant de la pointe de la gaule ſur la croupe, & ſur les feſſes, juſqu'à-ce qu'il ait hauſſé le derriere. Je le carreſſe, je le fais encore cheminer quelques pas, & je l'attaque de nouveau, ſans chercher à lui faire lever le devant, ni à l'en empêcher s'il s'y préſente de lui-même. Je le flatte toutes les fois qu'il répond à ce que je lui demande.

L'AIDE de la gaule bien entenduë, je mets le cheval ſur les peſades de médiocre hauteur par le droit, & lorſqu'il hauſſe la ſeconde ou la troiſieme, je l'attaque avec la gaule pour le faire accompagner du derriere. Si le cheval répond, je rehauſſe le devant au même tems qu'il donne des pieds de derriere à terre, pour lui faire encore deux ou trois peſades ſur les hanches, ensuite dequoi je le flatte sans bouger de la place s'il a l'apui ferme, en le faisant reculer si la bouche en est trop dure, en l'avançant doucement par le droit s'il est fort léger & bon à la main.

POUR lui faciliter le moyen de bien prendre le tems du saut, je n'observe plus le nombre des pesades avant ou après le saut, mais selon que je sens le cheval disposé; tandis qu'il est sur les pesades, je lui aide diligemment le derriere, faisant dans ces commencemens le tems que je choisis pour le saut, moins haut du devant que les précédens, afin qu'il aye la croupe plus libre, & que par ce moyen il épare plus aisément; à mesure que la croupe devient légére, je hausse peu à peu, & je soutiens d'avantage le devant, jusques à la vraye proportion du saut.

CES leçons exécutées & pratiquées longtems, je retranche peu à peu le nombre des pesades qui ont séparé les sauts. Je demande donc deux sauts de suite, je viens avec ordre, avec menagement, avec patience de deux à trois, de trois à quatre, & enfin à autant que je peux en tirer de même air & de même force. J'observe aussi de toûjours finir sur les hanches, car

car c'eſt l'unique & le plus ſûr moyen d'éviter les deſordres, dans leſquels l'impatience & la trop grande apréhenſion peuvent précipiter un cheval.

Il eſt des chevaux qui ſautent très haut & très légérement par le droit, & qui, mis ſur les voltes de même air, perdent toute la grace de leurs diſpoſitions, parce qu'ils pechent par défaut de force, & qu'ils ne peuvent fournir à un Manege où tous leurs mouvemens ſont contraints, & où l'action eſt généralement forcée.

Si vous rencontrez un cheval dont l'apui eſt ferme & bon, & qui ſoit doué d'aſſez de force pour fournir ſur les voltes de cet air, commencez à lui en faire connoître la rondeur & l'eſpace à chaque main, au pas écouté & averti, lui tenant la croupe fort ſujette ſur la piſte de la volte, qui ſera infiniment plus large que celle des courbettes & des balotades; enſuite hauſſez-le, & faites-lui faire une ou deux cabrioles, ſuivies d'autant de peſades, marchez deux ou trois pas ſur la même piſte, relevez-le de même air, le retenant toûjours plus ferme & plus droit ſur la juſte rondeur, en tenant la croupe ſujette par le moyen de la jambe de dehors.

CETTE leçon pratiquée avec ſageſſe, il fera facilement toute la volte de même air, & pour lui faire accompagner cette prémiere volte d'une ſeconde, dès qu'il l'aura fournie & ſerrée, hauſſez-le & tirez-en d'une haleine autant que vous en pourrez, le portant toûjours ſur cette volte composée, & entremêlée de pas & de cabrioles, juſqu'à-ce qu'il l'aye faite & fermée, avec la même force & la même vigueur que la prémiere.

AIDEZ toûjours de la rêne de dehors ſoit par le droit, ſoit ſur des cercles, vous étréciſſez le devant & vous élargiſſez le derriere, au moyen dequoi la croupe du cheval eſt libre, & ceſſe d'être contrainte & aſſujettie.

JE ne m'étends pas d'avantage ſur ce Chapitre: Pour ce qui concerne les cabrioles ſur les voltes, voyez ce que je vous ai dit des courbettes, & n'oubliez pas que le moyen le plus ſûr de réuſſir, lorſque vous entreprendrez un cheval pour le mettre à l'air des cabrioles, eſt de vous armer d'une patience à toute épreuve, & de préférer des chevaux en qui vous trouverez de la diſpoſition, de l'agilité, de la légéreté & du nerf, à ceux d'une plus grande

force

force, car ces derniers ne ſautent jamais reglément, & ne ſont propres qu'à rompre les reins & faire cracher le ſang à ceux qui les montent, par leurs contretems deſordonnés.

CHAPITRE XXI.

Du Pas & le Saut.

LE pas & le ſaut, eſt composé de trois airs, le pas qui eſt du terre à terre, le lever qui eſt une courbette, le ſaut qui eſt une cabriole.

CE Manege eſt infiniment moins penible que celui des cabrioles, car quand vous dreſſez un cheval à cabrioles, il prend de lui même cet air pour ſe ſoulager, & même par le tems, les chevaux de cabrioles ne vont plus qu'à balotades & à croupades, ſi on ne prend ſoin de les faire éparer.

C'EST auſſi celui qui, après la courſe, donne au cheval plus d'ardeur & d'inquiétude. Pour le regler ſur les leçons de cet air, il faut commencer par lui faire perdre l'aprehenſion des châtimens, lui aſſu-

rer

rer la tête, l'allégérir de devant ſur les peſades, lui faire connoitre l'aide de la gaule ainſi qu'aux prémieres leçons des cabrioles, & lui rendre l'apui à pleine main, quoiqu'il ſoit certain que le pas contribuë à lui former cet apui, attendu qu'il le met dans la main, outre qu'il lui donne de la force pour ſauter, comme la courſe nous en donne pour ſauter plus haut & plus loin, que ſi nous ſautions à pieds joints; auſſi les vieux ſauteurs ſe mettent-ils tous à cet air.

LE cheval inſtruit dans ces différents points, hauſſez-le devant, & enlevez-le. Demandez lui enſuite quatre peſades, faites-le cheminer après quatre ou cinq pas aſſez retenus; s'il tire à la main, ou s'il veut trop ſe retenir, ces quatre ou cinq tems doivent ſe faire au trot, rehauſſez-le encore, & continuez cette leçon pluſieurs jours.

DES qu'il l'aura compriſe & entenduë, commencez par une peſade, demandez enſuite un ſaut, & finiſſez par deux peſades de ſuite; mais prenez garde à deux choſes eſſentielles, l'une de faire le tems qui commencera le ſaut un peu plus bas de devant que les Peſades, afin que le cheval ait plus de facilité d'éparer; l'autre de faire toû-

toûjours la derniere pesade plus retenuë & plus haute de devant que toutes les autres, soit pour empecher le cheval de trépigner s'il est impatient & colere, soit pour le tenir dans une plus grande obéïssance, & pour le rendre plus léger à la main, s'il est naturellement chargé, ou s'il prend trop d'apui.

REDUISEZ enfin encore le quatrieme tems des pesades, en un autre saut semblable au prémier, joignez à l'instant deux autres pesades de suite, & faites-le aussitôt cheminer quatre ou cinq pas paisiblement, pour recommencer autant de pesades semblables & dans un même ordre. A mesure que le cheval comprendra & pratiquera ces leçons, il faudra augmenter ainsi les sauts un à un, sans hâter ni alterer cet ordre, faisant toûjours entre deux sauts, une pesade seule plus basse que celle de la prémiere leçon, & encore deux autres pesades assez hautes aprés le dernier saut. Peu à peu le cheval acquerra la légéreté du derriere, alors vous hausserez & vous soutiendrez d'avantage le devant, afin de reduire, par une habitude bien réglée, le saut dans sa perfection.

SI le cheval tire à la main ou avance plus

plus que le Cavalier ne le veut, soit de fougue ou de pesanteur, il faudra faire quelquefois ces pesades & ces sauts sans partir d'une place, & les pas se feront en reculant; ce châtiment le retiendra ou lui fera perdre le desir de se porter trop en avant. Servez-vous encore en pareil cas du poinçon au lieu de la gaule.

POUR la vraye justesse de cet air, il faut que l'action du saut soit accomplie comme à l'air des cabrioles, excepté qu'il doit être plus étendu, & la pesade qu'il fait entre les deux sauts, se doit convertir en un tems de galop raccourci; c'est-à-dire, que les deux pieds de derriere doivent nerveusement accompagner ensemble comme aux courbettes de mezair, mais ce tems doit être plus avancé, plus déterminé & moins relevé.

LE véritable effet de ce tems de galop dépend des mouvemens juste du Cavalier. Ils doivent être infiniment plus mesurés à l'exercice du pas & un saut, qu'à celui des cabrioles, & qu'à tous les autres airs qui s'exécutent par le droit.

EN effet, s'il retient trop le tems qui se fait entre les sauts, le saut qui suit n'a plus sa véritable vigueur, parce que l'animal

mal retenu n'aura pû étendre ſes forces ; s'il ne ſoutient pas aſſez les épaules, le cheval hauſſera trop le derriere & cette diſproportion le contraindra à tendre le nez, ou à faire quelqu'autre mauvais mouvement de tête ſur la deſcente du ſaut, ou bien le tems ſuivant ſera ſi précipité, que l'autre ſaut ne pourra qu'être trop abandonné, & trop apuyé ſur la bride. S'il l'abandonne trop, le ſaut ſera trop étendu, parce que le cheval n'aura pas réüni ſes forces, pour le faire à proportiòn du prémier.

VOICI donc en peu de mots, l'aſſiette qu'il faut conſerver, & les mouvemens que l'on doit faire.

LE Cavalier ne doit jamais forcer, ébranler ni perdre le véritable apui, ſoit qu'il hauſſe, ou ſoutienne, ou retienne, ou chaſſe le cheval.

NON ſeulement ſa main doit être ferme & aſſurée, mais il eſt abſolument néceſſaire, que toute ſon aſſiette ſoit droite & juſte, car puiſque le bras eſt une dépendance du corps, il eſt certain que ſi l'action du cheval ébranle le corps, la main de la bride eſt inconteſtablement ébran-

ébranlée, & par conséquent le véritable apui est falsifié.

DANS cette attitude aprochez les gras de jambes, soutenez de la main & aidés de la gaule sur la croupe, lorsque le devant est à sa véritable hauteur.

LE cheval gagne-t-il le devant ? Tenez le corps ferme & droit ; hausse-t-il le derriere ? Epare-t-il ? Portez vos épaules en arriere sans tourner la tête d'un côté ni d'autre, & sans abandonner le mouvement du bras de la gaule, mais que tous ceux de votre corps soient absolument imperceptibles.

QUANT à la plus belle action du bras de la gaule, celle qui se fait par dessus l'épaule à beaucoup plus de grace ; mais que cette épaule ne soit pas plus en arriere que l'autre, & que votre mouvement ne soit point assez apparent, pour qu'il puisse éffrayer le cheval.

J'AI dit que dans le cas où le cheval faisoit ses sauts trop longs & trop étendus, il falloit employer l'aide du poinçon, c'est que l'effet de cette aide hausse le derriere du cheval sans le chasser, comme le propre de la gaule est de le hausser & de de le chasser ensemble, aussi doit-on s'en servir pour celui qui se retient.

OBSERVEZ que vous ne devez point excéder votre cheval; on ne doit jamais chercher à en tirer que la moitié de ce qu'il peut fournir, car si en maniant il s'afoiblit, & diminuë d'haleine & de force, vous serez contraint d'user d'aides grandes & apparentes, & par ce moyen l'action du Cavalier & du cheval est toûjours totalement dénuée de grace.

FIN.

TABLE

TABLE
DES CHAPITRES.

TABLE DES MATIERES.

A

 les

B

C

Cercle

D

D

E

F

G

I

L

M

P.

Rendre

S

T

V

FIN.

www.ingramcontent.com/pod-product-compliance
Ingram Content Group UK Ltd.
Pitfield, Milton Keynes, MK11 3LW, UK
UKHW022100260726
13993UKWH00001B/223

9 782329 310107